餐饮企业经营管理工具箱

Cost Accounting and Control
餐饮成本核算与控制一本通

匡粉前 主编

化学工业出版社
·北京·

本书主要包括上中下三篇,其中上篇介绍餐饮成本核算基础知识及其核算方法,中篇以餐饮食品成本控制为核心,分别介绍餐饮食品生产前、生产中、生产后三个阶段的成本控制,下篇餐饮其他成本控制主要介绍餐饮酒水成本控制及其他支出费用的控制。

本书理念新颖,可操作性强,是一本实用的餐馆管理与操作实务读本,可供相关中小餐馆老板、从业人员参考使用,以便于指导他们的工作,同时,也可供相关院校师生教学参考使用。

图书在版编目(CIP)数据

餐饮成本核算与控制一本通/匡粉前主编. —北京:化学工业出版社,2012.1(2025.2重印)
(餐饮企业经营管理工具箱)
ISBN 978-7-122-12885-0

Ⅰ.餐… Ⅱ.匡… Ⅲ.饮食业-成本管理-基本知识 Ⅳ.F719.3

中国版本图书馆CIP数据核字(2011)第242833号

责任编辑:陈 蕾　　　　　　　　　　　装帧设计:尹琳琳
责任校对:宋 夏

出版发行:化学工业出版社(北京市东城区青年湖南街13号　邮政编码100011)
印　　装:北京云浩印刷有限责任公司
710mm×1000mm　1/16　印张10$\frac{1}{2}$　字数195千字　2025年2月北京第1版第22次印刷

购书咨询:010-64518888　　　　　　　　售后服务:010-64518899
网　　址:http://www.cip.com.cn
凡购买本书,如有缺损质量问题,本社销售中心负责调换。

定　价:38.00元　　　　　　　　　　　　　　　　　　版权所有　违者必究

前言

国家"十二五规划"提出:"把推动服务业大发展作为产业结构优化升级的战略重点,营造有利于服务业发展的政策和体制环境,拓展新领域,发展新业态,培育新热点,推进服务业规模化、品牌化、网络化经营,不断提高服务业比重和水平。"

民以食为天,尤其是我国这样一个人口大国,餐饮消费在日常消费中占很大比例。随着人们生活水平的不断提高,到餐馆吃饭对大众来讲已经是很普遍的事,再加上餐馆投资小、门槛低,所以我国大大小小的餐馆据不完全统计有700万~800万家,从业人员更是难以计数。那么,如何在为数众多的餐饮企业中脱颖而出,达到盈利的目的,就要看你所经营的餐馆服务如何、菜品如何、怎样进行品牌营销、如何进行成本核算与控制等。只有在这些方面全面进攻、深入研究并付诸实践,才有可能使你的餐馆长期立于不败之地。

基于此,我们针对目前的市场状况,组织编写了"餐饮企业经营管理工具箱"丛书,目前包括《餐饮服务与管理一本通》、《餐饮品牌营销一本通》、《餐饮成本核算与控制一本通》,以期为餐饮业经营者和从业人员提供一些指导。

○《餐饮服务与管理一本通》主要从对客优质服务管理、餐饮早会管理、餐饮全程营销管理、餐饮收入费用管理、餐饮支出费用管理、餐饮食材管理、餐饮安全卫生管理各个角度进行论述。

○《餐饮品牌营销一本通》主要从认识餐饮品牌营销、餐饮品牌广告营销、餐饮品牌假日营销、餐饮品牌网络营销、餐饮品牌菜单营销、餐饮品牌服务营销、餐饮品牌文化营销、主题餐厅品牌营销、餐饮品牌连锁扩张、餐饮品牌维系保护全方位对餐饮品牌营销进行讲述。

○《餐饮成本核算与控制一本通》主要包括上中下三篇,其中,上篇餐饮成本核算介绍餐饮成本核算基础知识及其核算方法,中篇以餐饮食品成本控制为核心,分别介绍餐饮食品生产前、生产中、生产后三个阶段的成本控制,下篇餐饮其他成本控制主要介绍餐饮酒水成本控制及其他支出费用的控制。

本丛书更加实用、理念新颖，可操作性强，是一套实用的餐馆管理与操作实务读本，可供相关中小餐馆老板、从业人员参考使用，以便于指导他们的工作，并可供相关专业院校师生教学参考使用。

本书由匡粉前主编，在本书的编辑整理过程中，获得了许多朋友的帮助和支持，其中参与编写和提供资料的有冯飞、陈素娥、刘军、刘婷、刘海江、唐琼、邹凤、马丽平、段利荣、陈丽、林红艺、贺才为、林友进、周波、周亮、高锟、李汉东、李春兰、柳景章、王红、王春华、赵建学、滕宝红，最后全书由匡仲潇审核完成。在此对他们一并表示感谢！由于作者水平所限，不足之处敬请读者指正。

编者

2011年12月

上篇　餐饮成本核算

2/ **第一章　认识餐饮成本核算**

2/ 第一节　餐饮成本核算意义和作用

2/ 一、了解餐饮业的经营特点

2/ 二、餐饮成本核算意义

2/ 三、餐饮成本核算作用

3/ 四、成本核算工作要求

3/ 第二节　餐饮成本核算概念和特点

3/ 一、成本

4/ 二、成本组成

4/ 三、餐饮成本核算特点

4/ 第三节　餐饮成本分类

4/ 一、按成本可控程度划分

5/ 二、按成本性质划分

5/ 三、按成本与产品形成关系划分

5/ 四、按成本和决策关系划分

7/ **第二章　餐饮成本核算方法**

7/ 第一节　基础工作及核算方法

7/ 一、成本核算基本事项

8/ 二、成本核算方法分类

9/ 三、餐饮产品成本核算步骤

10/ 第二节　餐饮原料成本核算

10/ 一、原料成本组成要素

10/ 二、原料相关知识

11/ 三、影响净料率因素

12/ 四、净料成本计算公式

12/ 五、一料一档成本核算

13/ 六、一料多档成本核算
14/ 七、半成品成本核算
15/ 八、调味成本核算
15/ 第三节　餐饮产品成本核算
15/ 一、餐饮产品成本核算方法
17/ 二、宴席成本核算
17/ 三、餐饮成本常用报表
18/ 四、成本系数法成本核算
18/ 第四节　餐饮产品价格核算
18/ 一、餐饮产品价格构成
19/ 二、毛利率法

中篇　餐饮食品成本控制

24/ **第三章　餐饮食品生产前成本控制**
24/ 第一节　采购成本控制
24/ 一、采购成本与利润
24/ 二、选择最佳采购人员
25/ 【范例】××餐饮企业采购人员岗位职责
26/ 三、制定食品原料采购规格标准
27/ 四、食品原料选购标准要求
27/ 相关链接：绿色食品选购
31/ 相关链接：选购食品走出新鲜误区
32/ 相关链接：采购认准食品标志
34/ 五、严格控制采购数量
38/ 六、采购价格控制
39/ 相关链接：采购收益计算
40/ 七、建立严密采购制度
40/ 【范例】餐饮采购制度
42/ 八、防止采购"吃回扣"
43/ 第二节　验收成本控制
43/ 一、建立合理验收体系

45/ 二、明确餐饮原料验收程序

46/ 三、验收数量控制

46/ 四、验收质量控制

46/ 五、验收价格控制

46/ 六、原料验收后处理

47/ 七、填写有关表单

47/ 八、做好防盗工作

48/ 第三节　储存成本控制

48/ 一、专人负责

48/ 【范例】仓库保管员岗位职责

49/ 二、仓库保持适宜环境

49/ 【范例】××餐饮企业仓库管理规定

50/ 相关链接：餐饮食品原料仓库要求

52/ 三、及时入库、定点存放

52/ 四、及时调整原料位置

53/ 五、定时检查

53/ 六、定期盘存

54/ 第四节　发放成本控制

54/ 一、定时发放

55/ 二、原料物资领用单使用制度

55/ 三、正确计价

56/ 四、内部原料调拨的处理

57/ 第五节　科学设计菜单

57/ 一、菜单外型设计

57/ 二、更换使用设计

59/ 三、菜单评估与修正

60/ 四、菜单定价

63/ 五、婚宴菜单设计制作

65/ **第四章　餐饮食品生产中成本控制**

65/ 第一节　标准菜谱利用

65/ 一、了解标准菜谱

65/ 二、标准菜谱作用

65/ 三、标准菜谱内容

67/ 四、标准菜谱制定程序

67/ 五、标准菜谱制作要求

68/ 【范例】××餐饮企业标准菜谱

68/ 第二节 生产过程控制

68/ 一、加工过程控制

73/ 二、配份过程控制

75/ 三、烹调过程控制

79/ 第三节 开发新菜品降成本

79/ 一、基本原则

80/ 相关链接：开发创造菜品卖点以提高利润

81/ 二、开发步骤

81/ 三、建立创新机制模式

83/ **第五章 餐饮食品生产后成本控制**

83/ 第一节 销售成本控制

83/ 一、突出经营特色以减少成本支出

83/ 二、从销售角度调整成本控制

83/ 相关链接：针对不同客人推销菜品

86/ 三、增加顾客人数

87/ 四、增大销售及顾客购买力

88/ 相关链接：赞美性销售与建议性销售

89/ 第二节 服务成本控制

89/ 一、服务不当情况

90/ 二、准确填写菜单

91/ 相关链接：点菜前须做好准备

92/ 三、防止偷吃菜品

93/ 四、避免打翻菜

93/ 相关链接：中餐菜肴摆放要求

94/ 五、尽量减少传菜差错

96/ 相关链接：传菜员效率和服务态度要求

97/ 第三节 收款环节成本控制
97/ 一、防止跑单
99/ 二、结账时确认客人房间号
99/ 三、采用单据控制现金收入
100/ 四、有效监管收银人员
100/ 五、制定收银制度
101/ 【范例】收银管理制度

下篇 餐饮其他成本控制

104/ **第六章 餐饮酒水成本控制**
104/ 第一节 酒水采购控制
104/ 一、酒水原料采购品种
104/ 二、酒水采购数量
105/ 三、酒水采购质量标准
106/ 四、酒水采购流程
108/ 第二节 酒水验收控制
108/ 一、酒水验收内容
109/ 二、填写验收单
110/ 三、酒水退货处理
110/ 相关链接：酒单设计及酒水定价
111/ 第三节 酒水库存控制
111/ 一、建立酒窖
111/ 相关链接：不同酒水保管与储藏
112/ 二、库存酒水控制工作
114/ 第四节 酒水领发控制
114/ 一、吧台存货标准
114/ 【范例】吧台存货标准
115/ 二、宴会酒水单独领料
115/ 三、实行酒瓶标记制度
117/ 第五节 酒水标准化控制
117/ 一、瓶装、罐装酒水

117/ 二、调制饮料

118/ 三、采用标准用量、用具

120/ 相关链接：酒吧常用载杯

122/ 【范例】饮料调制标准操作程序

124/ **第七章　餐饮支出费用控制**

124/ 第一节　人工成本控制

124/ 一、确定员工工资

125/ 相关链接：发放工资是一门学问

125/ 二、制定员工奖金

126/ 【范例】餐饮企业奖金制度

128/ 三、员工福利

128/ 四、员工招聘费用控制

128/ 相关链接：招聘环节把关，降低员工流失率

130/ 五、人工成本控制方法

130/ 相关链接：怎样合理安排餐厅动线

133/ 相关链接：培训费用由谁承担

134/ 第二节　能源费用控制

134/ 一、有效控制水费

135/ 二、有效控制电费

138/ 三、燃气费用控制

139/ 四、常用能源控制表格

141/ 第三节　经常性支出费用控制

141/ 一、有效控制租金

143/ 【范例】餐饮企业房屋租赁合同

145/ 二、合理设置广告费用

145/ 三、刷卡手续费

146/ 四、折旧费

146/ 五、有效控制停车费

146/ 相关链接：停车场常见问题及其处理

147/ 【范例】餐饮企业停车场租用合同

148/ 六、减少修缮费

149/ 第四节 餐具损耗率控制
149/ 一、职责划分及盘点规范
150/ 二、餐具运送及清洗
150/ 三、餐具破损责任制
151/ 四、制定餐具赔偿及处罚标准
152/ 第五节 外包业务费用控制
152/ 一、员工招聘外包
154/ 二、餐具清洁外包

参考文献

上篇

餐饮成本核算

第一章　认识餐饮成本核算

第二章　餐饮成本核算方法

第一章 认识餐饮成本核算

第一节 餐饮成本核算意义和作用

一、了解餐饮业的经营特点

餐饮业经营特点，主要包括以下4项。
（1）其产品直接供给消费者，并提供场所及全面的服务。
（2）其产品是现制现售，不能对每个产品逐批逐件的进行完整的成本核算。
（3）其经营范围广，兼营其他零售业务。
（4）受季节和市场供应情况的影响。

二、餐饮成本核算意义

（1）维护消费者的利益，正确执行国家的物价政策。
（2）使企业合理赢利。
（3）促进企业改善经营管理。

三、餐饮成本核算作用

（一）为制定销售价格打下基础

餐饮部门生产制作各种菜肴点心，首先要选料，并测算净料的单位成本，然后按菜点的质量、构成内容确定主料、配料、调料的投料数量，各种用料的净料单位和投料数量确定后，菜点的总成本才能算出。显然，饮食产品的成本是计算价格的基础，成本核算的正确与否，将直接影响定价的准确性。

（二）为厨房生产操作投料提供标准

各餐饮企业根据本企业的经营特点和技术专长，都有自行设计和较定型的菜谱，菜谱规定了原料配方，规定了各种主、配料和调味品的投料数量以及烹调方法和操作过程等，并填写到投料单上后，配份时按标准配制。因此，成本核算为厨房各个工序操作的投料数量提供了一个标准，防止缺斤少两的现象，保证菜肴的分量稳定。

（三）找出产品成本升高或降低的原因以促进降低成本

餐饮企业制定出来的菜谱标准成本，虽然为厨房烹饪过程中的成本控制提供了标准依据，但饮食产品花色品种繁多，边生产边销售，各品种销售的份数不同，且烹制过程中手工操作较多，因此，实际耗用的原料成本往往会偏离标准成本。我们通过成本核算查找实际成本与标准成本间产生差异的原因，如原料是否充分利用、净料率是否测算准确、净料单位是否准确、是否按规定的标准投料，从而找出原因，促进相关部门采取相应措施，使实际耗用的原料成本越来越接近或达到标准成本，以便使这种偏差越来越小，达到成本控制的目的。

（四）为财务管理提供准确数据促进实施正确经营决策

没有正确完整的会计核算资料，财务管理的决策、计划、管理、控制、分析就无从谈起，只有以核算方法、核算结果为根据，科学的成本核算作手段，进行科学管理，从核算阶段发展到管理阶段，才能达到使企业提高经济效益的目的。

四、成本核算工作要求

（1）必须学习和掌握成本核算的基本知识和方法，做到既懂烹饪技术，又懂得成本核算。

（2）参与成本管理，切实做好本部门、本岗位的成本控制工作。

（3）建立和健全各种管理制度（如岗位责任制、质量责任制、经济责任制等）。

第二节　餐饮成本核算概念和特点

一、成本

（一）广义成本

广义的成本包括原材料、工资费用、其他费用（包括水、电、煤气费；购买餐具、厨具费用；餐具破损费用；清洁、洗涤费用；办公用品费；银行利息；租入财产租金；电话费、差旅费等），其计算公式如下。

广义成本＝直接材料＋直接人工＋其他费用

（二）狭义成本

狭义的成本仅指餐饮企业各营业部门为正常营业所需而购进的各种原材料费用。通常餐饮企业的成本核算仅指狭义的成本核算。

二、成本组成

餐饮企业成本一般包括直拨成本、出库成本、毁损成本（盘点净损失）三个部分，计算公式如下。

$$餐饮企业成本＝直拨成本＋出库成本＋盘点净损失$$

所有餐饮企业物资在进入餐饮企业时须经过收货部验收（参与收货的人员有收货员和使用部门主管），收货部验收后，根据物资申购部门和物资性质区别其是否入仓，入仓的下入仓单，不入仓的下直拨单，直接拨给使用部门使用。

盘点净损失是指通过实地盘点，盘点数与账存数之间的差异。餐饮企业运作期间由于各种原因，不可避免会造成账实不符的情况，如出品后因没及时开单没收到钱、酒吧员不小心打破酒水、服务员打破餐具、失窃等。

三、餐饮成本核算特点

由于餐饮业具有生产加工、劳动服务、商业零售于一体的独特行业特点，除原材料成本外，其他如职工工资、固定资产折旧等，很难分清用于哪个环节，所以，计算中就习惯以原材料作为其成本要素，即构成菜点的原材料耗费之和，它包括食品原料的主料、配料和调料。

第三节　餐饮成本分类

成本分类是为做好成本核算和成本管理服务的。成本核算和成本管理的方法和目的不同，成本分类也不一样，餐饮产品的成本，从不同角度可分成不同的种类。

一、按成本可控程度划分

按成本可控程度可以分为可控成本和不可控成本。

（一）可控成本

可控成本是指餐饮管理中，通过部门职工的主观努力可以控制的各种消耗。有些成本如食品原材料、水电燃料、餐茶用品等消耗，通过部门人为的努力是可以控制的。

（二）不可控成本

不可控成本是指通过部门职工的主观努力很难加以控制的成本开支。如还本付息分摊、折旧费用、劳动工资等，通过部门人为的努力，在一定经营时期是很难控制的。

二、按成本性质划分

按成本性质划分，可分为固定成本和变动成本。固定成本和变动成本是根据成本对产销量的依赖关系来分类的，它反映了餐饮产品的成本性质。

（一）固定成本

固定成本是指在一定时期和一定经营条件下，不随餐饮产品生产的销量变化而变化的那部分成本。在餐饮成本构成中，广义成本中的劳动工资、折旧费用、还本付息费用、管理费用等在一定时期和一定经营条件下是相对稳定的，所以称为固定成本。

（二）变动成本

变动成本则是指在一定时期和一定经营条件下，随产品生产和销售量的变化而变化的那部分成本。在餐饮成本构成中，食品原材料成本、水电费用、燃料消耗、洗涤费用等总是随着产品的产销量而变化，所以称为变动成本。

三、按成本与产品形成关系划分

按成本与产品形成关系划分可分为直接成本和间接成本两种。

（一）直接成本

直接成本是指在产品生产中直接耗用，不需分摊即可加入到产品成本中去的那部分成本，如直接材料、直接人工、直接耗费等。

（二）间接成本

间接成本是指需要通过分摊才能加入到产品成本中去的各种耗费，如销售费用、维修费用、管理费用消耗等。

四、按成本和决策关系划分

按成本和决策关系划分可分为边际成本和机会成本。

（一）边际成本

边际成本是指增加一定产销量所追加的成本。在餐饮管理中，增加餐饮产品的产销量可以增加收入，但同时，其成本也会相对增加。当固定成本得到全部补偿时，成本的增加又会相对减少，从而增加利润，但产销量的增加不是没有限制的，当超过一定限度时，市场供求关系变化，成本份额也会发生变化，从而使利润减少。

从经营决策来看，当边际成本和边际收入相等时，利润最大，所以，边际成本是确定餐饮产品产销量的重要决策依据。

（二）机会成本

机会成本是从多种方案中选择一个最佳方案时，被放弃的次优方案所丧失的潜在利益。

第二章 餐饮成本核算方法

第一节 基础工作及核算方法

一、成本核算基本事项

（一）餐饮成本核算类别

餐饮成本核算分厨房核算和会计成本核算两个方面。

1. 厨房核算

厨房核算主要是指为厨房生产和产品定价服务，控制厨房实际成本消耗，同时为会计成本核算提供基础数据。

2. 会计成本核算

会计成本核算主要从会计专业化管理角度核算各餐厅和企业餐饮成本消耗及成本率，控制餐厅和企业成本，同时为企业餐饮经营者和高层领导提供决策依据。

（二）基本事项

厨房核算和会计核算必须提前做好成本核算的基本事项，主要包括三个方面的内容。

1. 成本核算原始记录

原始记录也可叫原始凭证，是成本核算的依据。正确进行成本核算，必须建立原始记录制度并予以详细记录，如采购、储存、发料及生产销售等各个环节都要做好原始记录，并一式几份，以便完成记账、对账、查账等财务工作。

原始记录主要包括原料进货发票、领料单、转账单、库存单、原料耗损报告单、生产成本记录表、生产日报等。

2. 成本核算计量工具

厨房为准确计量各种食品原材料的采购、领取、销售等各个环节原材料消耗，必须配备必要的计量工具。成本核算计量工具主要有以下3种。

（1）台秤，用于大宗食品原料计量，如米、面、肉、青菜等。

（2）天平秤或电子秤，用于贵重或小宗食品原料计量，如鱼翅、奶油等。

（3）量杯或量筒，用于调味品原材料计量，如油、黄酒等。

> **特别提示**
>
> 在日常工作中，应根据不同食品原料适当使用不同规格的计量工具，以便准确计量、准确核算。

3. 成本核算数据处理

餐饮成本核算是通过原料计量、计价和单位成本来计算实际成本的，其数据处理要正确，以便为成本控制提供客观依据。在餐饮产品成本核算过程中，其数据处理有3种形式，具体见表2-1。

表2-1　成本核算数据处理

序号	形式	说明	备注
1	有效数据	以实测或原始记录为依据所提供的数据，比较准确	在餐饮成本核算中，一般不得采用估计数据，如果必须用估计数据时，也应以过去的实测为准，以保证成本核算数据的准确性和有效性
2	尾数处理	（1）质量尾数处理一般到克为止，克以下的质量单位采用四舍五入法，进到克为止，然后按原料单价核算成本 （2）价值量尾数处理一般到分为止，分以下的成本尾数采用四舍五入，进到分为止	（1）对于特别贵重的食品原材料，也可用毫克为尾数单位 （2）在产品定价时，如果价格较高，其尾数也可到角为止，角以下的价值量单位采用四舍五入法处理
3	成本误差	（1）绝对误差是实际值和标准值的差额，用绝对数表示 （2）相对误差是绝对误差和标准值之间的比率，用相对数表示	

> **特别提示**
>
> 在成本核算中，必须保证核算制度统一、方法一致、计算准确，不重复、不遗漏，以保证数据的可比性和可用性。

二、成本核算方法分类

餐饮产品品种繁多，在核算时应根据厨房产品生产方式及花色品种不同，采用不同的核算方法，从而提高成本核算的准确性和科学性。

（一）顺序结转法

顺序结转法根据生产加工中用料的先后顺序逐步核算成本，适用于分步加工、最后烹制的餐饮产品。

在餐饮管理中，大多数热菜食品都采用分步加工，其成本核算方法是将产品的每一生产步骤作为成本核算对象，依次将上一步成本转入到下一步成本核算中，顺序类推便计算出餐饮产品总成本。

（二）平行结转法

平行结转法主要适用于批量生产的产品成本核算，它和顺序结转法又有区别。生产过程中，批量产品的食品原料成本是平行发生的，原料加工一般一步到位，形成净料或直接使用的食品原材料，这时只要将各种原料成本相加，即可得到产品成本。如冷荤中的酱牛肉、酱猪肝；面点中的馅料食品，如三鲜馅的饺子、包子等。

> **特别提示**
>
> 这些食品在加工过程中，其各种原料成本是平行发生的，只要将各种同时发生的原料成本汇总，即可得到产品总成本和单位成本。

（三）订单核算法

订单核算法是按照客人的订单来核算产品成本，主要适用于会议、团队、宴会等大型餐饮活动。这些类型的客人用餐事先都会预订，且用餐标准十分明确。

在成本核算时，首先必须根据订餐标准和用餐人数确定餐费收入，然后根据预订标准高低确定毛利率高低，计算出一餐或一天的可容成本，最后在可容成本的开支范围内组织生产，而这一过程都是以订单为基础和前提的。

（四）分类核算法

分类核算法主要适用于餐饮核算员和餐饮成本会计的成本核算。如成本核算员每天核算成本消耗，先要将各种单据按餐厅和厨房分类，然后在每一个厨房或餐厅内将成本单据按食品和饮料分类，再按食品原料种类分类记账，最后才能核算出每个餐厅或厨房的各类成本。

此外，在月、季成本核算中还可以分别核算出蔬菜、肉类、鱼类成本或冷菜、热菜、面点、汤类等不同种类的成本。

三、餐饮产品成本核算步骤

（一）收集成本资料

收集成本资料是成本核算的前提和基础，要以原始记录和实测数据为准，不能用估计毛值，以保证成本核算的准确性。

（二）餐饮成本核算

餐饮成本核算分为采购成本核算、库房成本核算、厨房加工核算、餐厅成本

核算和会计成本核算等多种。成本核算往往要分类进行，各个环节数据互相联系。

（三）成本分析

在成本核算的基础上，应定期对成本核算的结果及其核算资料进行成本分析，提出分析报告。一般说来，每周、每月都应进行一次成本分析，以指导餐饮生产经营活动的顺利进行。

（四）提出改进建议

根据成本核算和分析的材料，对采购、储存、出库、领用以及库房、厨房、餐厅等各个环节、各个部门进行分析，找出影响成本的原因，并针对主要原因提出改进建议，以便为加强成本控制、降低成本消耗提供客观依据。

第二节　餐饮原料成本核算

一、原料成本组成要素

原料成本由主料、配料、调料三个要素构成。
（1）主料是指构成各个具体品种的主要原料，通常是指肉料。
（2）配料是指构成各个具体品种的辅助原料，通常是指植物类的原料。
（3）调料是指烹制品种的各种调味料。
主配料的分别是餐饮行业约定俗成的，不一定是量上的区别。

> **特别提示**
>
> 虽然原料成本的构成因素只有三个，但由于食品原料范围非常大，原料来源不同，特点味性不同，要认识每一种原料特点和味性不是容易的事。

二、原料相关知识

（一）毛料

毛料，是指未经加工处理的食品原料，即是原料采购回来的市场形态。有些原料本身是半成品，但对餐饮企业来说，采购回来还只是市场状态，因为这些原料半成品还需要经过加工才能参与配菜，一旦经过加工后，其原料成本已经发生变化（有时尽管这种变化不是很大）。

（二）净料

净料，是指经加工后可用来搭配和烹制品种的半成品。所有原料采购回来，都必须经过加工（如清洗、刀工处理、热处理），就算是一些本身已经是半成品的原料，也要经相应的处理，如鲮鱼罐头，开罐后倒出也存在着一种成本变化问题。

（三）净料成本

净料成本，是指由毛料经加工处理后成为净料的成本变化，又称为起货成本。

（四）净料率

净料率，是指净料重量占毛料重量的百分比，又称为起货率。

净料率是指食品原材料在初步加工后的可用部分的重量占加工前原材料总重量的比率，它是表明原材料利用程度的指标，其计算公式如下：

净料率＝加工后可用原材料重量÷加工前原材料总重量×100%

在原材料品质一定，同时在加工方法和技术水平一定的条件下，食品原材料在加工前后的重量变化是有一定的规律可循的，因此，净料率对成本的核算、食品原材料利用状况分析及其采购、库存数量等方面，都有着很大的实际作用。

案例1

某餐饮企业购入带骨羊肉16.00kg，经初步加工处理后剔出骨头4.00kg，求羊肉的净料率。

羊肉的净料率＝加工后可用原材料重量÷加工前原材料总重量×100%
　　　　　　＝（16.00－4.00）÷16.00×100%
　　　　　　＝75.00%

案例2

某餐饮企业购入黑木耳3.00kg，经涨发后得水发黑木耳8.50kg，但从涨发好的黑木耳中拣洗出不合格黑木耳和污物0.20kg，求黑木耳的净料率。

黑木耳的净料率＝加工后可用原材料重量÷加工前原材料总重量×100%
　　　　　　　＝（8.50－0.20）÷3.00×100%
　　　　　　　＝276.67%

三、影响净料率因素

净料成本核算是品种成本核算的基础，影响净料成本的因素如下。

（1）进货的价格。原料的采购价格高低直接决定了起货成本的高低。

（2）进货质量。进货质量好坏，也会影响到起货成本的高低。

案例

例如采购回来的菜心质量不好，剪成后只有100g，而按照正常的起货率计，每500g的菜心剪成后应该有150g，这在无形中就影响了净料率。虽然是同一样的原料，但产地不同，其净料率也会不同。

四、净料成本计算公式

大部分采购回来的食品原料经过加工后都会有净料成本的变化，这样其单位成本也发生了变化，所以必须要进行净料成本的核算，其核算公式如下。

净料成本＝（毛料总值－副料总值）÷净料率

公式说明：毛料总值就是指采购回来的食品原料的市场形态；副料总值就是指对毛料加工后剔除出来的原料还可以作为其他用途的部分。

比如，毛鸡经宰杀后，剔除出来的鸡血、鸡肾、鸡肠等还可作为其他用途的，应另计算。净料率一般都有行业约定俗成的百分比。

特别提示

这个公式是计算所有食品原料的净料成本的基本公式。根据原料的加工方式和用途不同，这个公式的运用可分为一料一用、一料多用等，所有的分类计算是这个公式的变通。

五、一料一档成本核算

一种原材料经过加工处理后只有一种净料，下脚料已无法利用，其成本核算是以毛料价值为基础，直接核算净料成本，其计算公式如下。

净料成本＝毛料总值÷净料率

案例1

菜心每500g的进货价格是1元，每500g的菜心改成菜远是125g，求每500g菜心的净料成本。

生菜胆净料成本＝1元÷（125g÷500g）＝4元

每500g菜远的起货成本是4元。

案例2

某餐饮企业购入原料甲15.00kg，进价5.70元/kg。经初步加工处理后得净料11.25kg，下脚料没有任何利用价值，求原料甲的净料成本。

根据净料成本的计算公式，原料甲的净料成本，计算如下。

原料甲的净料成本＝毛料进价总值÷净料总重量
＝15.00×5.70÷11.25
＝7.60（元/kg）

如果毛料经初步加工处理后，除得到净料外，尚有可以利用的下脚料，则在计算净料成本时，应先在毛料总值中减去下脚料的价值，其计算公式如下。

净料成本＝（毛料进价总值－下脚料价值）÷净料总重量

案例3

某餐饮企业购入原料乙10.00kg，进价6.80元/kg，经初步加工处理后得净料7.50kg，下脚料1.00kg，单价为2.00元/kg，废料1.50kg，没有任何利用价值，求原料乙的净料成本。

根据净料成本的计算公式，原料乙的净料成本计算如下。

原料乙的净料成本＝（毛料进价总值－下脚料价值）÷净料总重量
＝[（10.00×6.80）－（1.00×2.00）]÷7.50
＝8.80（元/kg）

六、一料多档成本核算

一种原材料经加工处理后可以得到两种或两种以上的净料或半成品，这时要分别核算不同档次的原料成本。食品原材料加工处理形成不同的档次后，各档原料的价值是不相同的，为此，要分别确定不同档次的原材料的价值比率，然后才能核算其分档原料成本，其核算公式如下。

$$分档原料单位成本 = \frac{毛料价格 \times 毛料重量 \times 各档原料价值比率}{各档净料重量}$$

案例1

猪腿10kg，单价为30元/kg，共计300元，经拆卸分档，得到精肉6kg、肥膘2kg、肉皮1kg、筒骨1kg，各档原料其价值比率分别为64%、19%、11%、6%，请核算各档原料单位成本

精肉单位成本＝（300×64%）÷6＝32
肥膘单位成本＝（300×19%）÷2＝28.5
肉皮单位成本＝（300×11%）÷1＝33
筒骨单位成本＝（300×6%）÷1＝18

案例2

某餐饮企业购入鲜鱼60.00kg，进价为9.60元/kg，根据菜肴烹制需要进行宰杀、剖洗分档后，得净鱼52.50kg，其中鱼头17.50kg，鱼中段22.50kg，鱼尾12.50kg，鱼鳞、内脏等废料7.50kg，没有利用价值。根据各档净料的质量及烹调用途，该餐饮企业确定鱼头总值应占毛料总值的35.00%，鱼中段占45.00%，鱼尾占20.00%，求鱼头、鱼中段、鱼尾的净料成本。

鲜鱼进价总值=60.00×9.60=576.00（元）

鱼头的净料成本=（鲜鱼进价总值-鱼中段、鱼尾占毛料总值之和）÷鱼头净料总重量

=［576.00-（576.00×45.00%+576.00×20.00%）］÷17.50

=201.60÷17.50

=11.52（元/kg）

鱼中段的净料成本=（鲜鱼进价总值-鱼头、鱼尾占毛料总值之和）÷鱼中段净料总重量

=［576.00-（576.00×35.00%+576.00×20.00%）］÷22.50

=259.20÷22.50

=11.52（元/kg）

鱼尾的净料成本=（鲜鱼进价总值-鱼头、鱼中段占毛料总值之和）÷鱼尾净料总重量

=［576.00-（576.00×35.00%+576.00×45.00%）］÷12.50

=115.20÷12.50

=9.22（元/kg）

分档定价后，鱼头的净料总值为201.60元（11.52元/kg×17.5kg），鱼中段的净料总值为259.20元（11.52元/kg×22.50kg），鱼尾的净料总值为115.20元（9.22元/kg×12.50kg），平均的净料成本为10.97元/kg。

七、半成品成本核算

半成品是指经过制馅处理或热处理后的半成品，如虾胶、鱼胶、炸有皮上肉等。半成品成本核算的公式如下。

半成品成本=（毛料总值-副料总值+调味成本）÷净料率

案例1

每500g鱼肉的进货价格是8元，制作鱼胶的调味料成本是1元，由鱼肉制作成鱼胶的净料成本是95%，无副料值，求鱼胶的净料成本。

鱼胶净料成本=（8元+1元）÷95%≈9.47元

每500g鱼胶的净料成本是9.47元。

案例2

已知干鱼白每500g的进价是100元，经过涨发后的净料率是450%，其中耗油约300g，每500g食用油的价格是8元，求涨发后的鳝肚（鱼白）净料成本。

耗油成本=（300g÷500g）×8元=4.8元

鳝肚净料成本=（100元+4.8元）÷450%≈23.30元

每500g鱼白净料成本是23.30元。

> **特别提示**
>
> 在计算半成品净料成本时，关键是净料率的测定，最实在的净料率最好是通过实际的测定。

八、调味成本核算

调味成本核算方法有两种：一种是计量法，也是传统做法；一种是估算法，也是现代较流行的做法。

计量法就是根据使用多少量的调味料，按照每500g的进价来计算实际的调味成本，这种计算办法由于比较烦琐，在实际使用过程中较少使用。

最多使用的是估算法，即根据企业本身的实际情况，计算出每种销售规格的平均调味成本。

> **特别提示**
>
> 估算法适用于一般的品种成本核算，如果是一些特别的品种（特别是高档的品种），应该使用计量法，这样才能准确算出调味成本。

第三节 餐饮产品成本核算

一、餐饮产品成本核算方法

（一）餐饮产品成本核算方法

餐饮产品成本核算方法，主要包括先分后总法和先总后分法两种，其中，先分后总法适用于单件制作的菜点的成本计算，先总后分法适用于成批产品的成本核算。

（二）单件产品成本核算方法

单件产品成本核算，采用先分后总法，随机选择产品抽样，测定单件产品实际成本消耗，根据抽样测定结果，计算成本误差，填写抽样成本核算报表，分析原因，提出改进措施。

案例

"西兰花带子"，鲜带子每500g的进价是25元，净料率是95%，用量是150g，西兰花每500g的进价是3元，净料率是65%，用量是200g，调味料成本是1元，求该品种成本。

$$鲜带子净成本 = (25元 \div 95\%) \times (150g \div 500) \approx 7.89元$$
$$西兰花净成本 = (3元 \div 65\%) \times (200g \div 500) \approx 1.80元$$
$$原料总成本 = 7.89元 + 1.80元 + 1元 = 10.69元$$

"西兰花带子"的原料总成本是10.69元。

这是一个较标准的品种成本核算，即是将各种主料、配料的每500g净成本乘以用量，然后按照品种标准成本配置（无论有多少种主配料）相加到一起就是该品种的原料总成本。

（三）批量产品成本核算方法

批量产品成本核算是根据一批产品的生产数量和各种原料实际消耗进行的。批量产品成本核算采用先总后分法，其计算公式如下。

$$单位产品成本 = \frac{本批产品所耗用的原料总成本}{产品数量}$$

其成本核算方法包括以下3个步骤。

（1）根据实际生产耗用，核算本批产品各种原材料成本和单位产品成本。

（2）比较单位产品实际成本和标准成本，计算成本误差。

（3）填写生产成本记录表。若成本误差较大，应分析原因，采取控制措施，如凉菜、点心等。

案例

猪肉包子60个，用料：面粉1kg，进价为4元/kg；猪肉500g，单价为30元/kg；酱油150g，单价为5元；味精3g、葱末50g、姜末5g，作价1元，猪肉包子的单位成本计算如下。

$$每个猪肉包子成本 = (4 \times 1 + 30 \times 0.5 + 5 \times 0.15 + 1) \div 60 \approx 0.35元$$

二、宴席成本核算

（一）分析《团队用餐通知单》明确成本核算前提条件

《团队（或会议）用餐通知单》是根据客人预订要求制定的，其内容包括用餐人数、餐费标准、起止时间、餐费安排、酒水标准和客人禁忌或特殊要求等。它既是团队或会议成本核算的客观依据，也是其成本核算的前提条件，因此正式进行成本核算前，管理人员都要掌握和分析《团队用餐通知单》的有关内容和数据，才能正确进行成本核算。

（二）计算餐费标准、确定可容成本

团队或会议用餐的费用按每人每天标准下达，由此可根据用餐人数和天数，确定总餐费标准，但在实际工作中，团队或会议用餐又是按早、中、晚三餐安排的。

> **特别提示**
> 餐费标准还要根据每人每天的费用标准，按事先规定的比例分配到每个餐次，然后再按费用标准，确定每人、每个餐次可安排的费用。

在这一过程中，还要考虑到团队或会议用餐的毛利率，确定可容成本，这里的可容成本是指客人的餐费标准除去毛利以后的食品原材料成本。

三、餐饮成本常用报表

（一）餐饮成本月报表

食品成本月核算就是计算一个月内食品销售成本。通常需要为餐饮部门设一个专职核算员，每天营业结束后或第二天早晨对当天或前一天营业收入和各种原料进货、领料的原始记录及时进行盘存清点，做到日清月结，便可计算出月食品成本。

餐饮成本月报表（见表2-2）有两种编制方法，一种是领料单确认成本法，一

表2-2　餐饮成本月报表

收入项	金额（元）	支出项	金额（元）
菜品		人工	
酒水		水电气费	
香烟		折旧费	
其他		其他	
总计		总计	
利润			

种是实地盘点法。

（二）餐饮食品成本日报表

餐饮食品成本日报表，见表2-3。

表2-3 餐饮成本日报表

年 月 日至 年 月 日

餐厅名称	本日数	本月累计数	原材料类别	本日		本月累计	
				成本	¥	成本	%
			乳品				
			水产				
			肉类				
			粮油				
			珍品				
			干果蜜饯				
			调味				
			家禽				
			其他				
			合计				

成本核算员：

四、成本系数法成本核算

成本系数是食品原材料经加工制作形成净料或成品后的单位成本和毛料进价成本之间的比值。采用成本系数法来核算食品成本或产成品的单位成本，可以为成本核算带来方便，简化计算过程，减少工作量。成本系数的计算公式如下。

$$成本系数 = \frac{净料或成品单位成本}{毛料进价成本}$$

净料或成品单位成本 = 毛料进价成本 × 成本系数

第四节 餐饮产品价格核算

一、餐饮产品价格构成

（一）组成要素

由于餐饮业的经营特点是产、销、服务一体化，所以菜点价格的构成应当包括菜点从加工制作到消费各个环节的全部费用。

$$售价 = 原料成本 + 毛利额$$

公式中原料成本就是主料、配料和调味料经加工后的成本总和，也即是净成本的总和；毛利额是经营费用加上应得利润的总和。

由于原料因产地、季节和组合方式而造成起货成本的差异，使原料成本的变化千差万别。

毛利额是个绝对值，在实际使用中，难以表达出所应承担的费用和应获取的利润，故多用毛利率概念，即用百分比表示，计价方法也是使用毛利率而不是使用毛利额。

不同的品种和销售对象有不同的毛利率，这样，原料成本与毛利间可有数不清的多种组合，还受到多种因素影响而变动。

（二）影响价格因素

在餐饮业，影响价格的因素大致可分为内部和外部两种，具体见表2-4。

表2-4　影响价格因素

序号	类别	具体说明
1	内部	（1）原料成本包括原料进货价、净料率和组合成本，是决定品种售价的主要因素 （2）技术水平，即实际的烹调操作水平，操作水平较稳定，成本变化也稳定，反之，成本就容易产生上下浮动 （3）经营方针，即经营档次和经营特色对品种定价的影响，主要表现为毛利率的影响 （4）期望值，即管理者希望能实现的毛利率水平，对每一类销售品种，都有确定的毛利率标准
2	外部	（1）饮食潮、流行的饮食品种或经营方式，一般会受需求与价格关系规律的支配 （2）目标市场的特点，即市场定位的顾客需求特点，表现为对价格的关心程度和承受力 （3）竞争格局，就是在一定的区域里，由竞争对手所形成的竞争局面，竞争越激烈，对价格的影响就越灵敏 （4）其他如通胀率、物价指数、一定时期的经济政策，以及社会大型活动都会构成对价格的影响

二、毛利率法

（一）毛利率与价格的关系

菜点的价格是根据菜点成本和毛利率制定的，毛利率的高低直接决定价格水平，决定着企业的盈亏，关系着消费者的利益。

（二）成本毛利率法

成本毛利率法，是指以品种成本为基数，按确定的成本毛利率加成本计算售价的方法。由于这是由毛利与成本之比的关系推导出来的，所以叫做成本毛利率法，其计算公式如下：

菜点销售价格=菜点原料成本×(1+成本毛利率)

> **特别提示**
>
> 利用成本毛利率计算出来的只是理论售价，或者只是一个参考价格，因为在实际操作中，还要根据该品种的档次及促销因素来最后确定品种的实际售价。

案例

荔茸鲜带子用荔茸馅150g、鲜带子6只、菜心100g。其中荔茸馅每500g8元，鲜带子每只3元，菜心每500g1.2元，净料率30%，无副料值，调味成本是1元，成本毛利率是41.3%，理论售价是多少？

（1）计算原料总成本。

鲜带子起货成本=3元×6只=18元

荔茸净成本=（150g÷500g）×8元=2.40元

菜心净成本=（1.2元÷30%）×（100g÷500g）=0.80元

（2）代入公式计算如下。

理论售价=（18元+2.40元+0.8元+1元）×（1+41.3%）≈31.37元

荔茸鲜带子的理论售价是31.37元。

（三）销售毛利率法

销售毛利率法，是以品种销售价格为基础，按照毛利与销售价格的比值计算价格的方法。由于这种毛利率是由毛利与售价之间的比率关系推导出来，所以叫销售毛利率法，其计算公式如下。

品种理论售价=原料总成本÷（1-销售毛利率）

（四）毛利率间的换算

成本毛利率与销售毛利率之间的关系如下。

成本毛利率=销售毛利率÷（1-销售毛利率）

销售毛利率=成本毛利率÷（1+成本毛利率）

（五）运用毛利率技巧

在既定的原料成本下，毛利率的高低决定了品种售价的高低，因此它不仅涉及各项经营指标实现，而且还涉及经营政策和价格促销策略的实施。利用毛利率来计算餐饮产品价格，其技巧具体见表2-5。

表2-5 运用毛利率技巧

序号	技巧	说明	备注
1	运用毛利率的基点	（1）大众化饭菜，毛利率应低一些 （2）筵席和特色名菜、名点的毛利率应高于一般菜点的毛利率 （3）技术力量强、设备条件好、费用开支大的企业，毛利率应略高，反之应略低 （4）时令品种的毛利率可以高一些，反之应低些 （5）用料质量高、货源紧张、操作过程复杂精致的，毛利率可以高些，反之应低	传统对毛利率运用是以计划经济为基础，基于对稳定物价、平抑物价浮动而考虑的
2	高成本低毛利	高成本是指品种的原料成本相对较高而言，如一些高档的干货品种、高档的海鲜品种等，受到需求定理的影响，高档次品种因为价格较高而销售量都不会很大，如果再计入较高的毛利率其售价就更高，销售量就会更低	高成本的品种，考虑到价格承受力，一般都不适宜计算太高的毛利率，而只计一般的毛利率，利用适中的价格来扩大销售量，增加其获利能力
3	低成本高毛利	如果品种的原料成本较低，则可以计算较高的毛利率，主要包括中档左右的畅销品种	不仅可拉近中档与高档品种的价格距离，更重要的是借此补足"高成本低毛利"的损失
4	毛利率综合平衡	有些品种低毛利，有些品种能获取很高的毛利，无论低毛利还是高毛利，都需要协调各分类品种的毛利率，使其综合毛利率达到指标	毛利率的综合平衡是用个别品种的分类毛利率加权平均计出的，是一个期望值

中篇

餐饮食品成本控制

第三章　餐饮食品生产前成本控制

第四章　餐饮食品生产中成本控制

第五章　餐饮食品生产后成本控制

第三章　餐饮食品生产前成本控制

第一节　采购成本控制

一、采购成本与利润

采购成本影响餐饮产品利润：菜品利润表现在销售价格上，但隐含在采购中。采购价格的差异表现在地区差价、产销差价、批零差价、季节差价等，还受采购方式和采购数量的影响。

采购数量影响流动资金的周转：资金的周转期越短，流动速度越快，获利能力就越大。现金支付货款，造成积压和库存过大，影响资金周转。

二、选择最佳采购人员

（一）采购人员应具备业务素质

（1）了解食品制作的要领、程序和厨房业务：原料损耗、加工难易程度及烹调的特点，掌握餐厅菜品的季节供应变化及菜品的销售情况。

（2）掌握食品原料的产品知识：掌握国家已经颁布的有关食品原料的品质分类的标准、有关政策和规定。如牛羊肉、兔肉卫生标准；猪肉卫生标准；海水鱼类、贝类卫生标准等。

（3）了解食品原料供应市场和采购渠道：建立长期、稳定、相互信任的交易关系。

（4）了解进价与销价的核算关系：了解菜品名称、售价和分量，掌握理想毛利率。

（5）熟悉财务制度：了解现金、支票、发票等使用的要求和规定，和对应收、应付款的处理要求。

（二）采购人员道德准则

（1）要具有基本的职业道德和敬业精神，不得损公肥私。

（2）与上级、同事及供应商做好沟通、协调工作。

（3）在采购活动中做到公正、诚实、原则性强。

（4）不允许接受礼物和收取回扣。

案例

一般在食品价格不稳定时，更能显示出采购员素质重要性。最近，由于各种食品价格不稳定，某餐饮企业近两月已开除3个采购员，而以前采购叶子菜的采购几年都不换一个。

叶类菜不易保存，餐厅每天派人采购。由于近日菜价波动大，一天一个价，为采购员滋生了腐败空间。以前菜价价格变化小，波动只有一两角钱，现在菜价波动最大幅度达到1.5元，加上每天采购量在几百上千公斤，这就为采购员损公肥私创造了条件。有个采购员已干了三年，从没出过差错，7月，平常卖1.5元/kg的莴笋价格上涨到3.5元/kg后，进货报表上的这个价格竟持续了两周，财务人员觉得蹊跷，忙去菜市场调查，才晓得原来3.5元/kg的莴笋价格只持续了3天……由此估算，采购员从中吃了近7000元回扣，被当即予以开除。

随后又招了一名采购员。6月份，菜价仍在波动，该采购员上任半月，将1.2元/kg的空心菜价格写成2.1元/kg，价格持续了一周，所进货物经常出现价格偏高，每逢菜价高时，就喊老板去检查，菜价低时则默不作声，遂将其开除。第三名采购仍没有清廉几天，趁菜价乱涨时也乱报价格……

越是价格不稳时，采购员越难招，为了避免采购员吃钱，有的餐饮企业已采取措施，同时派两名以上人员一起外出购买，让其互相监督。

（三）确定采购人员岗位职责

只有明确采购人员岗位职责，才能更好地指导其具体工作。
以下是某餐饮企业采购人员岗位职责，仅供参考。

【范例】××餐饮企业采购人员岗位职责

××餐饮企业采购人员岗位职责

（1）熟悉掌握国家在食品方面的政策、法规，及时掌握市场供应行情和就餐人员的变化情况。严格遵守各项方针政策和市场管理规定，自觉遵纪守法，做到大公无私、廉洁奉公。

（2）熟悉采购渠道、数量，掌握各类副食品及原料质量的鉴别方法。严格按照《食品安全法》要求采购食品原料，严禁采购腐败变质食品和过期食品。

（3）及时与厨房负责人联系，落实食品采购规格、品种、数量，避免差错，减少浪费。

（4）经常与仓库保管员取得联系，核实当前库存储备情况，防止积压。

把好进货质量关，杜绝假冒伪劣食品流入。

（5）采购的食品必须质量可靠、价格合理、数量准确，达不到上述要求，验收人员有权拒绝验收，其损失由采购员负责。

（6）在正规厂家（商家）采购的主副食品，必须取得合规的原始票据；在农贸市场、个体商贩采购的，必须有供货商出具的原始凭证（含白条）。

（7）采购员在主管的组织领导下，分工负责采购供应各餐厅的主副食、调料、厨具、劳保和必需的原材料。坚持以采促销、以销定采、勤采勤销的原则，发扬"四勤"即眼勤、口勤、手勤、脚勤精神，完成领导交给的各项工作。

三、制定食品原料采购规格标准

采购工作是餐饮成本管理的首要环节，直接影响到餐饮经营的全部活动，直接影响着餐饮成本的形成。

餐厅为达到最佳经营效果和管理食品成本，需要对所需的食品原料质量标准、价格标准和采购数量标准进行有效管理。

（一）制定要求

采购规格标准是根据餐厅的特殊需要，对所要采购的各种原料作出的详细具体的规定，如原料产地、等级、性能、大小、个数、色泽、包装要求、肥瘦比例、切割情况、冷冻状态等。

当然，餐厅不可能也没有必要对所有原料都制定采购规格标准，但对占食品成本将近一半的肉类、禽类、水产类原料及某些重要的蔬菜、水果、乳品类原料等都应制定采购规格标准。

> **特别提示**
>
> 由于原料的质量对餐饮成品的质量有着决定性的作用，且成本较大，采购时必须严加控制。

（二）制定注意事项

（1）制定采购规格标准应审慎小心，要仔细分析菜单、菜谱，既要根据各种菜式制作的实际需要，也要考虑市场实际供求情况。

（2）一般要求厨师长、食品控制员和采购部人员一起研究决定，力求把规格标准定得实用可行。

（3）规格标准和文字表达要科学、简练、准确，避免使用模棱两可的词语如"一般"、"较好"等，以免引起误解。

（三）采购规格标准好处

使用食品原料采购规格标准有以下好处。

（1）迫使管理者通过仔细思考和研究，预先确定餐厅所需各种食品原料的具体质量要求，以防止采购人员盲目地或不恰当地采购。

（2）把采购规格标准分发给有关货源单位，能使供货单位掌握餐厅的质量要求，避免可能产生的误解和不必要的损失。

（3）使用采购规格标准，就不必在每次订货时向供货单位重复解释原料的质量要求，从而可节省时间，减少工作量。

（4）如将一种原料的规格标准分发给几个供货单位，有利于引起供货单位之间的竞争，使餐厅有机会选择最优价格。

（5）食品原料采购规格标准是原料验收的重要依据之一，它可严格控制原料质量。

四、食品原料选购标准要求

（一）大米

（1）米粒均匀饱满、完整、坚实而重。
（2）光洁明亮，无发霉、石粉、砂粒、虫等异物。
（3）越精白者，维生素B越少，胚牙米或糙米更营养。

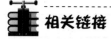

绿色食品选购

绿色食品是无污染、无公害、安全营养型食品的统称，而并非指绿颜色的食品。绿色食品同人类生命质量息息相关，而"绿色"正是生命和生存环境充满活力的象征，故将此类食品定名为"绿色食品"。

绿色食品分为A级绿色食品和AA级绿色食品。A级绿色食品是限量使用限定的化学合成生产资料；AA级绿色食品在生产过程中不使用化学合成的肥料、农药、兽药、饲料添加剂、食品添加剂和其他有害于环境和身体健康的物质。

（一）别被"绿色"俩字忽悠

一些不法商家开始在包装或宣传上打起了绿色食品的"擦边球"，企图以此蒙蔽误导消费者，非法牟利。

特别提示 "纯天然"并不代表"绿色",也不代表"绝对安全",看到商品外包装上有"纯天然"商标时,要多个心眼。

(二)选购"五看"

选购绿色食品时有"五看",具体见下表。

选购绿色食品"五看"

序号	类别	说　　明	备注
1	级标	A级和AA级同属绿色食品,除这两个级别的标识外,其他均为冒牌货	
2	标志	绿色食品的标志和标袋上印有"经中国绿色食品发展中心许可使用绿色食品标志"字样	
3	标志上标准字体的颜色	(1)A级绿色食品的标志与标准字体为白色,底色为绿色,防伪标签底色也是绿色,标志编号以单数结尾 (2)AA级使用的标志与标准字体为绿色,底色为白色,防伪标签底色为蓝色,标志编号的结尾是双数	
4	防伪标志	绿色食品都有防伪标志,在荧光下能显现该产品的标准文号和绿色食品发展中心负责人的签名	
5	标签	(1)绿色食品的标签符合国家食品标签通用标准,如食品名称、厂名、批号、生产日期、保质期等 (2)检验绿色食品标志是否有效,除了看标志自身是否在有效期,还可以进入绿色食品网查询标志的真伪	

(二)面粉

(1)粉质干松、细柔而无异味。

(2)依蛋白质含量的不同,分为3种,具体见表3-1。

表3-1　面粉种类

低筋	蛋白质含量低,颜色最洁白,紧握后较易成团,宜做小西点及蛋糕之用
中筋	蛋白质介于高、低筋之间,宜做面条之用
高筋	蛋白质含量最高,其色微黄,紧握不易成团,专做面包之用

(三)乳类

乳类选购标准,具体见表3-2。

表3-2　乳类选购标准

序号	类别	选购标准
1	乳粉类	奶粉宜选择乳白色不成块状的粉末,并选罐制或不透明袋装的产品,不要购买透明、塑胶袋装的不合法产品,外观标示必须清楚
2	罐头类	(1)包装精美完整,罐头平整不向外凸出 (2)标示说明清楚,包括容量、厂牌、厂址及制造日期等
3	鲜奶类	(1)鲜奶味鲜美,且有乳香,色白或淡黄 (2)乳水油腻而不结块 (3)注意制造日期、厂商销售期间的存放方式与储藏温度控制等情形 (4)须经卫生检验机构检验合格

（四）肉类

肉类选购标准，具体见表3-3。

表3-3　肉类选购标准

序号	类别	选购标准
1	家畜肉类	（1）品质好的猪肉其瘦肉部分为粉红色，肥肉部分为白色且清新，硬度适中，无不良颗粒存在，肉质结实，肉层分明，质纹细嫩，指压有弹性，表面无出水现象 （2）牛肉瘦肉部位为桃红色，肥肉呈白色，但牛筋则为浅黄色 （3）病畜肉上常有不良颗粒，瘦肉颜色苍白；死畜肉呈暗黑色或放血不清有瘀血现象；肉皮上未盖检验章者为私宰牲畜，较无保障
2	家禽类	（1）活的家禽类，头冠鲜红挺立，羽毛光洁明亮，眼睛灵活有神，腹部肉质丰厚而结实，肛门洁净而无污物黏液 （2）杀好的家禽类，外皮完整光滑，整体肥圆丰满者为佳
3	内脏	（1）肝应选灰红色、筋少、有弹性、无斑点的 （2）猪肚应选肥厚、色白、表面光亮、无积水的

（五）海产类

海产类选购标准，具体见表3-4。

表3-4　海产类选购标准

序号	类别	选购标准
1	鱼类	（1）鳞片整齐而完整 （2）眼睛明亮而呈水晶状 （3）鱼鳃鲜红，鱼肚坚挺而不下陷，鱼身结实而富弹性 （4）只有正常的鱼腥味而无腐臭味
2	虾类	（1）鲜虾种类繁多，依其种类各有其应有的色泽 （2）虾身硬挺、光滑、明亮而饱满 （3）虾身完整，头壳不易脱落 （4）具自然的虾腥味而无腐臭味
3	蟹类	（1）应选蟹身丰满肥圆的 （2）蟹眼明亮、肢腿坚挺、胸背甲壳结实而坚硬 （3）腹白而背壳内有蟹黄
4	蛤蚌螺类	（1）外壳滑亮洁净 （2）外壳互敲时声音清脆，无腐臭味
5	海参类	（1）肉身坚挺而富弹性 （2）洁净而无杂质及腐臭味
6	牡蛎类	（1）选择肉质肥圆丰满的 （2）上部洁白而坚挺 （3）无腐臭味
7	墨鱼	选择肉身洁白、明亮、坚挺而富弹性的
8	鱼翅	翅多而长，并且光洁滑亮的

（六）蛋类

1. 鲜蛋类

（1）新鲜蛋外壳粗糙无光泽，并且清洁无破损。

（2）以灯光照射，其内应透明，无混浊或黑色。
（3）蛋气量要小，用手摇之无震荡之感。
（4）放入盐水中会沉下去。
（5）蛋打开后，蛋黄丰圆隆挺，蛋白透明坚挺包围于蛋黄四周而不流散。

2. 皮蛋类
外壳干净无黑点，手拿两端轻敲时，有弹性震动感。

（七）蔬菜类

（1）胡萝卜：头尾粗细均匀，色红而坚脆，外皮完整光洁，并具充足水分。
（2）白萝卜：头尾粗细均匀，色白而表皮完整细嫩，用手弹打具结实感。
（3）马铃薯：表皮洁净完整，色微黄，水分充足无芽眼。
（4）小黄瓜：头尾粗细均匀，表皮瓜刺挺直、坚实，碧绿而带有绒毛，瓜肉肥厚。
（5）大黄瓜：头尾粗细均匀，表皮光洁平滑，瓜肉肥厚、坚脆、水分充足。
（6）青椒：外观平整均匀，表皮滑亮，色绿而坚挺。
（7）茄子：表皮光滑呈深紫色，茄身粗细均匀、瘦小、坚挺，而蒂小者为佳。
（8）笋：笋身粗短，笋肉肥大，肉质细嫩。
（9）茭白笋：色白、光滑、肥嫩，切开后没有黑点。
（10）洋菇：蒂与基部紧锁而未全开放，呈自然白色，若过分洁白，则可能添加荧光剂。
（11）洋葱：表皮有土黄色薄膜，质地结实者为佳。
（12）芋头：表皮完整、丰厚、肥嫩，头部以小刀切开呈白色粉质物为佳。
（13）香菇：选茎小而肥厚者，菇背有白线纹为上品菇，侧越白越新鲜。
（14）甘蓝菜：叶片呈暗绿色，肥厚嫩滑而无虫害，茎部肥嫩者为佳。
（15）菠菜：叶片呈深绿色，肥厚滑嫩，茎部粗大硬挺，基部肥满而呈红色。
（16）丝瓜：表皮瓜刺挺立而带绒毛，瓜身粗细均匀、硬挺且重量重者为佳。
（17）包心菜：外层翠绿，里层纯白，叶片明亮滑嫩而硬挺，包里较宽松。
（18）茼蒿：叶片肥厚、嫩滑、硬挺、完整而无虫害。
（19）空心菜：茎部要短，叶片肥厚、完整而无虫害。
（20）芹菜：茎部肥厚而色白为佳。
（21）苋菜：叶片肥厚而无虫害。
（22）葱、蒜：茎部粗肥而长者为佳。
（23）豇豆：选粗细均匀而肥嫩的。
（24）四季豆：选粗细均匀而滑嫩的。
（25）豌豆：肥嫩坚挺而完整。
（26）番茄：表皮均匀完整，皮薄，具光泽，翠绿中带红色者为佳。

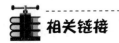

相关链接

选购食品走出新鲜误区

（一）新茶

最新鲜的茶叶其营养成分不一定最好。新茶是指采摘下来不足一个月的茶叶，这些茶叶因为没有经过一段时间的放置，存在一些对身体有不良影响的物质，如果长时间喝新茶，有可能出现腹泻、腹胀等不舒服的反应。

太新鲜的茶叶对一些患有胃酸缺乏的人，或者有慢性胃溃疡的老年患者更不适，新茶会刺激胃黏膜，产生肠胃不适，甚至会加重病情。

（二）新鲜蔬菜

美国缅因州大学的食品学教授洛德·勃什维尔发现：西红柿、马铃薯和菜花经过一周的存放后，所含有的维生素C有所下降；甘蓝、甜瓜、青椒和菠菜存放一周后，其维生素C的含量基本无变化；经过冷藏保存的卷心菜甚至比新鲜卷心菜含有更丰富的维生素C。

为防治病虫害，经常施用各种农药，有时甚至在采摘的前一两天还往蔬菜上喷洒农药，最好略作存放，使残留的有害物质逐渐分解后再吃，对于那些容易衰败的蔬菜，多清洗几次。

（三）新鲜野菜

许多餐厅都推出各种新鲜野菜，也得到顾客青睐，但是，现在不少天然野菜大多生长在垃圾堆或者被污染的河道附近，很难清洗干净，如果食用了有污染的野菜，反而对身体有害。

（四）鲜黄花菜

鲜黄花菜含有秋水仙碱，要小心中毒。秋水仙碱本身是无毒的，但进入人体后被氧化成氧化二秋水仙碱，则含有剧毒，会对肠胃及呼吸系统产生强烈的刺激，表现为嗓子发干、恶心、呕吐、腹痛、腹泻、胃有烧灼感，严重的可产生血便、血尿或尿闭等症状。常食用的干黄花菜不含有秋水仙碱毒素，因此无毒。

（五）鲜木耳

鲜木耳中含有一种光感物质，人食用后，会随血液循环分布到人体表皮细胞中，受太阳照射后，会引发日光性皮炎。这种有毒光感物质还易被咽喉黏膜吸收，导致咽喉水肿。

（八）水果

（1）苹果：表皮完整无虫害及斑点，具自然颜色、光泽及香味，质重而清脆。

（2）橘子：皮细而薄，质重且具有橘味者为佳。

（3）柠檬：皮细而薄，质重多汁为佳。

(4) 香蕉：以肥满熟透，具香味者为佳。

(5) 凤梨：表皮凤眼越大越好，以手弹之有结实感，质要重，具芳香味，表皮无汁液流出。

(6) 西瓜：表皮翠绿，纹路均匀，皮薄、质重、多汁，以手敲之有清脆声者为佳。

(7) 木瓜：表皮均匀无斑点，肉质肥厚者为佳。

(8) 香瓜：皮薄且具光泽，底部平整宽广，轻压时稍软，摇动时无声响，并具香味。

(9) 番石榴：表皮有光泽，果肉肥厚，颜色越浅者为上品。

(10) 葡萄：果蒂新鲜硬挺，色浓而多汁者佳。

(11) 梨子：皮细、质重、光滑、多汁者佳。

(12) 桃子：表皮完整而有绒毛者较新鲜，果肉则要肥厚而颜色浅。

(13) 李子：表皮有光泽，大而多汁者为佳，红李则色泽越深越好。

(14) 杨桃：每瓣果肉肥厚、滑柔、光亮、色浅为佳。

(15) 柚子：皮细而薄，质重且头部宽广为佳。

(16) 枇杷：表皮呈金黄，有绒毛为佳。

(17) 柳橙：皮薄、滑亮、细嫩、色淡为佳。

(18) 龙眼：颗粒大、核小、皮薄、肉甜、肥厚为佳。

(19) 荔枝：颗粒大、外皮鳞纹扁平、皮薄、肉厚、核小为佳。

（九）调味品

调味品选购标准，具体见表3-5。

表3-5　调味品选购标准

序号	类别	选购标准
1	食用油类	（1）固体猪油以白色、无杂质且具有浓厚香味者为上品 （2）液体油则以清澈、无杂质及异味者为佳
2	酱油类	有品牌，经卫生检验有明显标示，具有豆香味，无杂质及发霉
3	食盐	色泽光洁，无杂质，干松
4	味精	色泽光洁、无杂质、干松为佳，用火烘烤会溶化者，即属真品
5	食醋	种类繁多，有清纯如水者，也有略带微黄者，选购时以光洁、清澈、无杂质为佳
6	酒类	调理用酒大多以黄酒、高粱酒、米酒居多，宜选用清澈、无杂质者
7	糖类	干松而无杂质

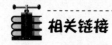

采购认准食品标志

根据《食品生产加工企业质量安全监督管理办法》规定，实施食品质量安全市场准入制度管理的食品，首先必须按规定程序获取《食品生产许可证》，其次产品出厂必须经检验合格并加印（贴）食品市场准入标志，没有食品市场准入标志的，不得出厂销售。

（一）食品市场准入标志

（1）食品市场准入标志由"质量安全"英文（Quality Safety）字母"Q"、"S"和"质量安全"中文字样组成。

（2）标志主色调为蓝色，字母"Q"与"质量安全"四个中文字样为蓝色，字母"S"为白色。

（3）企业在使用食品市场准入标志时，可以根据需要按比例自行缩放，但不能变形、变色。

检查食品有无该标志，若无，则不要购买；检查标志颜色是否正确，谨防假冒。

（二）《食品生产许可证》编号

（1）编号由英文字母QS加12位阿拉伯数字组成。

（2）QS为英文质量安全的缩写，编号前4位为受理机关编号，中间4位为产品类编号，后4位为获证企业序号。

（3）当食品最小销售单元小包装的最大表面的面积小于10平方厘米时，可以不加印（贴）《食品生产许可证》编号，

QS标志

但在其大包装上必须加印（贴）《食品生产许可证》编号。

（三）绿色食品标志

（1）绿色食品标志是由中国绿色食品发展中心在国家工商行政管理局商标局正式注册的质量证明商标。

（2）绿色食品标志作为一种产品质量证明商标，其商标专用权受《中华人民共和国商标法》保护。

（3）标志使用是食品通过中国绿色食品发展中心认证，许可企业依法使用。

绿色食品标志

（四）绿色饮品企业环境质量合格标志

根据《"绿色饮品企业环境质量合格"证明商标标志使用管理办法》的规定，该标志证明的商品有以下种类：

（1）软饮料类：矿泉水、可乐、果珍（晶）、植物蛋白饮料（杏仁乳、豆奶等）、茶饮料、果汁饮料、奶茶（非奶为主）及其他无酒精饮料。

（2）含酒精饮料类：葡萄酒、白酒、果酒、啤酒、餐后饮用酒、黄酒、鸡尾酒等。

（3）保健饮品类：非医用营养液、非医用营养胶囊、非医用营养片、非医用营养粉。

绿色饮品标志

（五）无公害农产品标志

（1）无公害农产品标志，其颜色由绿色和橙色组成，该标志说明产品为已通过无公害检测的农产品，消费者完全可以放心购买、安心食用。

（2）根据《无公害农产品标志管理办法》规定，获得无公害农产品认证证书的单位和个人，可以在证书规定的产品或者其包装上加施无公害农产品标志，用以证明产品符合无公害农产品标准。

（六）原产地域产品标志

原产地域产品标志的作用是保证原产地域产品的质量和特色。原产地域产品专用标志的轮廓为椭圆型，灰色外圈，绿色底色，椭圆中央为红色的中华人民共和国地图，椭圆型下部为灰色的万里长城。

（七）有机食品认证标志

有机食品认证标志，其认证标志由两个同心圆、图案以及中英文文字组成，整个图案采用绿色。购买时若商家声称其产品是有机食品，那么包装上就应该有该标志。

　无公害农产品标志　　　原产地域产品标志　　　有机食品标志

（八）食品包装CQC标志

食品包装CQC标志认证是中国质量认证中心（英文简称CQC）实施的以国家标准为依据的第三方认证，是一种强制性认证。食品包装上有CQC标志则表明该包装是安全、卫生的，不会污染包装内食品。

五、严格控制采购数量

（一）采购数量控制原因

食品原料的数量对餐饮企业来说至关重要，数量过多或过少都不利于成本控制，造成浪费，其影响具体见表3-6。

表3-6　采购数量过多或过少的影响

序号	类别	影响
1	数量过多	（1）造成原材料的变质，因为任何食品原料的质量都随着时间的流逝而逐渐降低，只不过有些原材料变质的速度较快，有的则稍慢一些而已 （2）容易引起偷盗、资金占用过多及增加库存管理费用等
2	数量过少	（1）不可避免地造成原材料供应不上而难以满足顾客需求的局面 （2）导致采购次数增多而增加采购费用

因此，餐饮企业必须制定每种食品原料的采购数量标准，以避免上述情况的出现。

（二）干货类采购数量控制

干货类原料，是指可以相对长时间储存的食品原料，如米面及其制品、食盐、食糖、味精等调味品。往往箱装、袋装、瓶装、罐装的原料，可以在常温下储存数月之久而不会变质，因而可较大批量地进货。

餐饮企业通常采用两种方法来确定干货类原料的采购数量。

1. 定期订货法

定期订货法是一种订货周期不变，但每次订货的数量任意的方法。订货周期通常根据餐饮企业关于餐饮原料储备占用资金的定额规定来确定，一般为一周一次或两周一次或一月一次。每到订货日期，仓库保管员应对库存原料进行盘点，然后确定订货数量，其计算公式如下。

$$订货数量 = 下期需用量 - 现有库存量 + 期末需存量$$

其中的下期需用量为订货周期内餐饮企业的预测耗用原料量，其计算公式如下。

$$下期需用量 = 日平均消耗量 \times 订货周期天数$$

案例

某餐厅要每月订购罐装梨一次，消耗量平均每天10罐，订购期4天，即送货日在订货日后第4天。仓库管理员通过盘点，发现库存梨还有50罐。

由以上信息，可以决定采购数量，但是，实际上对期末需存量的确定并不是理想的4×10，考虑到因交通运输、天气或供应情况等方面的意外原因，很多餐厅都在期末需存量中加上一个保险储备量，以防不测，这个保险储备量一般为理论期末需存量的50%，这样期末需存量实际上成为：期末需存量=（日平均消耗量×订购期天数）×150%。

如果仍以上例计算，订货数量则为：订货数量=（30×10）-50+（10×4）×150%=310（罐）。

现有库存量是指订货前的库存原料盘存量，期末需存量是指每一订货期末餐饮企业必须预留的足以维持到下一次进货日的原料储备量，其计算公式如下。

$$期末需存量 = 日平均消耗量 \times 订货在途天数 \times 1.5$$

订货在途天数是指发出订货通知至原料入库所需的天数。

特别提示

1.5是保险系数，以便在因天气、运输等原因造成的供货延误，或是订货在途期间可能突然发生的原料消耗量增加等情况下能保证原料供应。

2. 定量订货法

定量订货法是一种订货数量固定不变,但订货周期任意的方法。餐饮企业应为每一种原料建立一份永续盘存卡,用于记录每次的进货和发货数量。每一种原料还必须预订最高储备量和订货点量。

餐饮企业的仓库容量都较紧张,且用于原料采购的流动资金又有限,因此,必须为每种餐饮原料确定最高储备量。在确定原料的最高储备量时,应考虑仓库面积、流动资金、订货周期、原料的日均消耗量、供应商规定的订货批量等因素。

订货点量是指当某种原料的储备量下降到应该立即订货时的数量,相当于定期订货法中的期末需存量。

使用定量订货法时,订货数量的计算公式如下。

订货数量=最高储备量-订货点量+日均消耗量×订货在途天数

每种原料都有一张永续盘存卡,一般都由仓库保管员使用并记录该种原料的进、出库情况。

(三)鲜货类原料的采购数量控制

鲜货类原料,是指不能长期保存的各类食品原料,如新鲜的肉类、禽类、水产类,以及新鲜的蔬菜、水果、奶制品、面包等。这些原料中,有的必须当天采购当天消耗,有的则必须在较短的有效保质期内消耗。冷藏或冷冻的鲜货类原料虽然有一定的储存期,但与干货类原料相比,仍然较容易变质。

因此,鲜货类原料易变质的特点决定了餐饮企业必须遵循先行消耗库存原料,然后才能进货的原则。

> **特别提示**
>
> 鲜货类原料在采购时,首先必须掌握原料的现有库存量,并根据预测的营业量,然后决定采购数量。

餐饮企业通常采用两种方法来确定鲜货类原料的采购数量。

1. 日常采购法

日常采购法适用于原料消耗量变化较大、有效保质期较短而必须经常采购的鲜货类原料,如新鲜的肉类、水果类和蔬菜等以及鲜活的禽类、河鲜、海鲜类原料。其计算方法较为简单,用公式表示如下。

采购数量=应备量-现存量

应备量为当日或近日营业所需的预测量,现存量为采购前的盘存量,要求有专人(一般为食品管理员)每天巡视冷藏室、冷冻库和鲜活水产养殖池,对各种鲜货类原料进行盘存,并如实记录现有库存量。

2. 长期订货法

长期订货法适用于消耗量变化不大的鲜货类原料，如面包、奶制品、鸡蛋、某些水果、蔬菜等。长期订货法一般有以下2种形式。

（1）餐饮企业与某家供应商签订购销合同或协议，由供应商以固定的价格每天或每隔数天向餐饮企业提供规定数量的某种或某几种原料，原料价格和订货数量一般是固定不变的，直至餐饮企业或供应商感到有必要变动时再重新商定。

（2）餐饮企业与某家供应商签订购销合同或协议，由供应商以固定的价格每天或每隔数天将餐饮企业的某种或某几种原料补充至规定数量，餐饮企业为每种原料确定最高储备量，以防止供应商的补充超量。

> **特别提示**
>
> 餐饮企业通常使用采购定量卡（见表3-7），以控制每次的进货数量。采购定量卡一般由专人负责，如实记录各种原料的实际库存量，然后通知供应商本企业的需要量。

表3-7 采购定量卡

年　月　日

原料名称	最高储备量	现存量	需购量

（四）健全请购制度

厨房所需的餐饮原料应按照既保证业务需要又不过多占用流动资金的原则进行采购。为加强管理，餐饮企业一般都要求需要原料的部门填写请购单，经核准后交由采购部门或人员进货。请购单、订购单示例分别见表3-8、表3-9。

表3-8 请购单

数量	项目	单位容积	供货单位	单价	小计

申请人：　　　　　　　　　　　　审批人：

表3-9 订购单

订购单位（名称、地址）：
供货单位（名称、地址）：
付款条件：
订货日期：　　　　　　　　　　　　送货日期：

数量	容量	项目	单价	小计

订货人：

六、采购价格控制

餐饮原料的价格受诸多因素影响，通常价格的波动较大。影响餐饮原料价格的主要因素有：市场货源的供求情况；采购数量的多少；原料的上市季节；供货渠道；餐饮市场的需求程度；供货商之间的竞争以及气候、交通、节假日等。

面对诸多的影响因素，餐饮企业有必要对餐饮原料的采购价格实行控制。餐饮企业控制原料采购价格的途径主要有以下6个方面。

（一）限价采购

限价采购就是对所需购买的原料规定或限定进货价格，一般适用于鲜活原料。当然，所限定的价格不能单凭想象，要委派专人进行市场调查，获得市场的物价行情，进行综合分析，提出中间价。

（二）竞争报价

竞争报价是由采购部向多家供货商索取供货价格表，或者是将所需常用原料写明规格与质量要求请供货商在报价单上填上近期或长期供货的价格，根据所提供的报价单，进行分析，确定向谁定购。

> **特别提示**
>
> 在确定供货商时，不仅要考虑到供货商供货的价格，还要考虑到供货商的供货信誉，如原料的质量、送货的距离以及供货商的设施、财务状况等因素。

（三）规定供货单位和供货渠道

为了有效地控制采购的价格，保证原料的质量，可指定采购人员在规定的供货商处采购，以稳定供货渠道。这种定向采购一般在价格合理和保证质量的前提下进行。在定向采购时，供需双方要预先签订合约，以保障供货价格的稳定。

（四）控制大宗和贵重原料购货权

贵重食品的原料和大宗餐饮原料其价格是影响餐饮成本的主体，因此对此可以规定：由餐饮部门提供使用情况的报告，采购部门提供各供货商的价格报告，具体向谁购买必须由管理层来决定。

（五）提高购货量和改变购货规格

根据需求情况，大批量采购可降低原料的价格，这也是控制采购价格的一种策略。另外，当某些餐饮原料的包装规格有大有小时，购买适用的大规格，也可降低单位价格。

（六）根据市场行情适时采购

当有些餐饮原料在市场上供过于求、价格十分低廉且厨房日常用量又较大时，只要质量符合要求，可趁机购进储存，以备价格回升时使用。当应时原料刚上市时，预计价格可能会下跌，采购量应尽可能少一些，只要满足需要即可，等价格稳定时再添购。

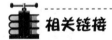

采购收益计算

采购工作的关键是确保餐饮原材料的质量。在国外，有许多餐饮企业以原料质量与采购价格之比来评估采购效益，采购效益的计算公式如下。

$$采购效益 = 原料质量 \div 采购价格$$

例：干辣椒的采购价格为12.50元/kg，其质量被评为80分，求干辣椒的采购效益。

$$干辣椒的采购效益 = 原料质量 \div 采购价格$$
$$= 80 \div 12.50$$
$$= 6.4$$

如果经过调查，发现相同质量的干辣椒的价格仅为11.90元/kg，则其采购效益得以提高。

干辣椒的采购效益＝原料质量÷采购价格

＝80÷11.90

＝6.72

如果以相同的价格可以购入质量为85分的干辣椒，则也可提高采购效益。

干辣椒的采购效益＝原料质量÷采购价格

＝85÷12.50

＝6.8

因此，餐饮企业应在市场调查的基础上，定期测算购入餐饮原材料的采购效益，确保企业以最低的价格采购尽量优质的餐饮原材料。

七、建立严密采购制度

没有一个严密的采购制度，餐饮企业就无法对采购进行有效的控制。不同餐饮企业采购职能设置不完全一样，有的设有专门的采购部负责其所有用品与原料的采购，有的在餐饮部下设置采购部，有的直接由个人负责采购，或兼负责采购，因此采购程序不尽相同，采购制度的繁简也应有所差别。

那么如何确定采购制度呢？

在制定采购制度的时候，要结合经营大小和规模来确定，可以从以下6个方面来确定。

（1）确定采购人员。

（2）确定采购流程、采购时间、采购范围、采购品种和采购方式。

（3）制定三方验收制度和价格调查制度。

（4）制定单品采购标准。

（5）制定退换货制度和流程。

（6）制定采购失误的奖罚机制。

特别提示

餐饮企业应该明确：岗位明晰，权责明确，按采购的质量标准、数量标准、价格标准开展采购工作。

【范例】餐饮采购制度

餐饮采购制度

一、现金采购

（1）采购员应在采购前准备好足够的备用金、采购日记本、笔以及申购单等采购必备用品。

（2）采购员进入市场后应该先对市场的整个行情做个了解，并对所需采购的货品进行摸底察看，货比三家。

（3）采购员应在同质的情况下，以及其他优惠的条件下（如可以退货或可以换货），以最适合的价格进行采购。

（4）采购员应该严格按照公司的有关规定和操作程序进行采购，以利相互监督，防止作弊。

（5）采购员应该尽量满足使用部门的申购数量以及特殊货品的特殊要求，以保证营业所需。

二、配合验收

（1）采购员必须保质保量地将所采购的货品安全运抵餐厅。

（2）采购员应该积极配合验收部门进行验收，但是不能以任何形式对验收工作进行干扰，以免影响验收部门的正常工作。

（3）如遇质量有问题的货品，采购员应该及时进行退换或再行采购，以保证餐厅的正常营运。

（4）在验收时，如遇正常损耗，采购员应该在填写报销单时予以注明。

（5）在验收时，如遇非正常损耗，采购员应该在填写报销单时，以实际数量填报。

三、报销

（1）采购员在报销前，应该首先填写已经验收后并经过验收主管签字认可的采购货品的清单，按照货品的名称、规格、数量、单价以及使用部门等要求进行填写，然后与自己的备用金进行核对，无误后，方能填写报销单，并附上申购单以及采购货品清单，然后经主管签字后，及时报销。

（2）如遇正常损耗，应有验收主管签字认可，并可以按照实际采购的数量进行结算。

（3）如遇非正常损耗，采购员应该填写损耗单，经批准后方可报销，并以实际验收数量进行结算。

四、其他

（1）采购员应该以公司利益为重，应该遵循应有的职业道德和行业操守。

（2）为了保证公司的利益及保护供应商的正当权益，公司规定，采购员与供应商之间，应该采取回避制度。即任何采购员都不允许与供应商之间保持业务以外的任何关系，不能向供应商或与供应商有关的人或公司，索要或收受物品、金钱或精神关怀（包括请客吃饭、喝酒、看节目、娱乐、旅游等），一旦发现，将根据公司的有关规定予以处罚。

（3）采购员应该不断学习新的商品知识，以保证提供给餐厅的货品的安全、卫生、优质、优价。

八、防止采购"吃回扣"

餐饮食品原料的采购成本几乎占据总成本的一半,食品原料质量工作对餐饮企业资金周转、菜品质量优劣起不容忽视的作用。采购过程中,"吃回扣"现象无疑是餐饮经营中最先遇到的重大问题之一,因此要有效控制采购"吃回扣",可以采用以下方法。

(一)采购人员选择

采购人员的素质和品德成为选择的首要条件。采购员的选择注重个人品质,知识和经验与品质相比反而是次要的,选择为人耿直、不受小恩小惠诱惑、受过良好教育的人。

许多供应商会想尽办法与采购人员拉关系,回扣或红包自然少不了,这就要求采购人员"凭良心"办事,面对金钱的诱惑必须保持一颗平常心,见钱眼开者误人误己,决不能担任采购之职。

案例

李先生投资50万元,租下了一家上下两层,共400平方米的门面,准备开家湘菜馆。由于自己分身乏术,李先生将湘菜馆的事务交给了表哥阿泽负责,另外请来从事餐饮管理多年的小张辅助阿泽。

湘菜馆要装修成仿古的明清风格,阿泽出面找来了装修队,小张画出草图,开出料单。两人一起去采购材料,小张只管提供建议,阿泽负责付款结账。整个装修下来,小张算了一下,应该在5万多元,哪知道最后当着小张的面,阿泽拿给李先生的账单总计却超过了7万元。

小张是明白人,他不可能说什么,毕竟老板和阿泽是亲表兄弟,可人一旦养成习惯就很难改变。随后的设备器具采购,阿泽又拿回了5万多元的发票,熟悉行情的小张一估算,李先生起码又多支付了表哥6000~7000元的车马费。

这完全成了自家人挖墙脚了,以后阿泽还要负责菜品的进货,菜品成本一高,还怎么与同行竞争?想到这些,小张无法看好这家店的前景,他婉言谢绝了李先生的加薪挽留,悄然离开。

半年不到,焦头烂额的李先生就将湘菜馆关门歇业,投入的50万元资金打了水漂。

小张事后认为,李先生的问题出在过于相信亲情的约束了。阿泽没有正当工作,李先生将湘菜馆交给他打理,也是想在经济方面扶持一下表哥,然而没有适当的制度约束,亲情约束在利益面前显得苍白无力。

（二）供应商选择

选择供应商时就对采购工作进行较好的控制，比如大宗肉、海鲜、调料的长期供应商，最好是提请有关部门审核。采购员并不是最后决策者和签订合同的人员，其他业务可以由采购员来完成。不要长期选择一家供应商，这样有利于物料更好流动，并且在一定程度上可以避免采购员与供应商建立"密切关系"。

（三）经常进行市场调查

对市场进行定期不定期的调查，有助于掌握市场行情，了解货物的价格与质量、数量的关系，与自己采购来的物品相关资料进行对比，以便及时发现问题、解决问题。市场调查人员可以是专职的，也可以由财务人员、行政人员，甚至经理兼任，也可以采用轮值进行调查。

（四）仓库、采购、厨房三者验收

库房、采购、厨房三者验收，类似于"三权分立"，对餐饮企业的管理非常有效，尤其在防止以次充好、偷工减料方面效果显著。一定要牢记，库房与厨房绝不可以受采购的左右。

（五）有力度的财务监督

供应商、采购员报价后，财务部应进行询价、核价等工作，实行定价监控。餐饮企业可实行"双出纳"制度，两个出纳一个负责钱财的支出，一个负责钱财的收入，可以对钱财的出入更好地控制。由财务部每周派人进行市场调查，对采购方地进行调查。

> **成本控制小结：**
> 通过本节学习，你学到哪些有用控制成本方法？
> 你所在的餐饮企业，在采购时还采取了什么控制成本的措施？

第二节　验收成本控制

一、建立合理验收体系

（一）配备称职验收人员

（1）餐饮食品知识丰富。

（2）人力资源部门负责遴选应聘人员，审查应聘人员的资历，然后会同财会部门和营业部门主管人员决定人员的录用。

（3）挑选验收员的最好方法是从仓库职工、食品和饮料成本控制人员、财会人员和厨工中发现人才和经验，而且通过从事验收工作积累管理工作经验。

（4）收货时，验收员应该对订货单进行数量盘点和质量检验。

（5）制定培训计划，对所有验收人员进行培训。

（6）验收员必须懂得，未经主管人员同意，任何人无权改变采购规格。

（二）验收场地

验收场地的大小、验收的位置好坏直接影响到货物交接验收的工作效率。

（1）理想的验收位置应当设在靠近仓库至货物进出较方便的地方，最好也能靠近厨房的加工场所，这样便于货物的搬运，缩短货物搬运的距离，也可减少工作失误。

（2）验收要有足够场地，以免货物堆积，影响验收。

（3）验收工作涉及许多发票、账单等，还需一些验收设备工具，因此需要设有验收办公室。

（三）验收设备

验收处应配置合适的设备，供验收时使用。比如磅秤，就是最主要的设备之一，磅秤的大小可根据餐饮企业正常进货的量来定。验收既要有称大件物品的大磅秤，又要有称小件、贵重物品的台秤和天平秤，各种秤都应定期校准，以保持精确度。

（四）验收工具

验收常用的工具有：开启罐头的开刀；开纸板箱的尖刀、剪刀、榔头、铁皮切割刀；起货钩；搬运货物的推车；盛装物品的网篮和箩筐、木箱等。验收工具既要保持清洁，又要安全保险。

（五）科学验收程序和良好验收习惯

验收程序规定了验收工作的工作职责和工作方法，使验收工作规范化，同时按照程序进行验收，养成良好的习惯，是验收高效率的保证。

（六）经常监督检查

餐饮企业管理人员应不定期检查验收工作，复查货物的重量、数量和质量，并使验收员明白，经管人员非常关心和重视他们的工作。

二、明确餐饮原料验收程序

在验收环节控制成本，首先需要做好验收基础工作，就是明确餐饮原料验收程序，按照程序进行验收，可以减少中间不必要程序。

1. 检查进货记录

根据订购单或订购记录检查进货。

2. 根据供货发票检查货物的价格、质量和数量

（1）凡可数的物品，必须逐件清点，记录下正确的数量。

（2）以重量计数的物品，必须逐件过秤，记录下正确的重量。

（3）对照采购规格标准，检查原料的质量是否符合要求。

（4）抽样检查箱装、匣装、桶装原料，检查是否足量、质量是否一致。

（5）发现原料重量不足或质量不符需要退货时，应填写原料退货单，并取得送货人签字，将退货单随同发票副页退回供货单位。

3. 办理验收手续

当送货的发票、物品都经验收后，验收人员要在供货发票上签字，并填验收单（见表3-10），以表示已收到了这批货物。如果到货无发票，验收员应填写无供货发票收货单。

表3-10　验收单

厂商名称：					□部分交货 □全部交货	
申请单位：		请购单号码：		采购订单号码：		
货品号码	摘要	单位	数量	单价	总价	
总金额						
核准：						
验收员：				使用部门主管：		

4. 分流物品妥善处理

原料验收完毕，需要入库进行保存的原料，要使用双联标签，注明进货日期、名称、重量、单价等，并及时送仓库保藏。一部分鲜活原料直接进入厨房，由厨房开领料单。

5. 填写验收日报表和其他报表

验收人员填写验收日报表的目的是保证购货发票不至于发生重复付款的差错。报表可作进货的控制依据和计算每日经营成本的依据。

三、验收数量控制

验收时，首先必须保证数量符合要求，即原材料订货量、送货量、发货量应保持一致，如果短缺或多余均按实收数付款。

对所有购入的原料，验收人员都必须仔细检查其数量。

（1）凡是可数的原料，必须逐一点数，如实记录原料的箱数、袋数和个数。

（2）凡是以重量计量的原料，必须逐件过秤，正确计算原料的重量。

（3）检查原料的验收数量是否与请购单上的请购数量相符，如有出入，应请原料采购员或供应商的送货人员说明。

（4）检查原料的验收数量是否与发票数量一致，如有差异，应查明原因并按企业的规定处理。

四、验收质量控制

验收质量控制，指的是保证采购规格与送货规格保持一致。验收人员应对照原料采购规格标准仔细检查原料质量，如合格证明、规格、等级、商标、产地、性能、有效期等。箱装原料应进行抽样检查。凡发现原料质量不符合要求者应坚决拒收。验收统计表见表3-11。

表3-11　验收统计表

名称	合格证明	规格	等级	商标	产地	性能	有效期

五、验收价格控制

验收人员应特别注意原料采购价格的检查。

（1）检查购货发票上的价格是否与供应商的报价相一致，价格是否与采购订货单上所列价格相同。

（2）验收人员应经常进行市场调查，了解餐饮企业所需的各种原料的市场行情，如发现供货价格明显高于市场价时，应及时查明原因，或拒收，或按企业的有关规定处理。

六、原料验收后处理

经验收合格的餐饮原料应尽快妥善处理。

1. 通知原料使用部门（厨房）领用

购入原料经验收合格后，应及时通知厨房来领用，一方面可保证原料的供应，另一方面，也可防止原料的损耗或遗失。

2. 分类、分库储存

凡是用料部门不直接使用的原料，应及时按类别及储存要求送至干货仓库、冷藏室或冷库，以便保证原料的质量，并防止因没有及时库存造成原料的变质或损失（详见本章餐饮储存成本控制。）

七、填写有关表单

参与原料验收的人员在验收工作结束后，应填写有关表单并签字确认。最为常见的表单为食品进货日报表，在某些餐饮企业中，进货日报表也被称为验收报告表，见表3-12。

表3-12　验收报告表

来源：		订货日期：	编号：			收货日期：	
物品名称	数量		规格厂牌	单位	价格金额	备注（有关质量）	验收员签字
	订货	实收					

八、做好防盗工作

在验收工作中，要做好防盗工作，以防丢失。

（1）指定专人负责验收工作，而不能是谁有空谁验收。

（2）验收工作和采购工作分别由专人负责。

（3）如果验收员兼管其他工作，应尽可能将交货时间安排在验收员比较空闲的时候。

（4）商品应运送到指定验收区域。

（5）验收之后，尽快将商品送入仓库，防止食品变质和职工偷盗。

（6）不允许推销员、送货员等人进入仓库或食品生产区域，验收、检查区域应靠近入口处。

（7）入口处大门应加锁，大门外应安装门铃，送货人到达之后，应先按门铃。送货人在验收处时，验收员应始终在现场。

> **成本控制小结：**
> 通过本节学习，你学到哪些有用的控制成本方法？
> 你所在的餐饮企业，在验收时还采取了什么控制成本的措施？

第三节 储存成本控制

储存是原料成本控制的重要一环，库存不当则会引起原料的变质或偷盗损失，从而造成成本的增加。

一、专人负责

原料的储存保管工作应有专职的仓库保管员负责，应尽量控制有权进入仓库的人数，仓库钥匙由仓库保管员专人保管，门锁应定期更换，以避免偷盗损失。

以下是某餐饮企业仓库保管员岗位职责要求，仅供参考。

【范例】仓库保管员岗位职责

仓库保管员岗位职责

（1）在部长领导下，负责仓库的物料保管、验收、入库、出库等工作。

（2）提出仓库管理运行及维护改造计划、支出预算计划，在批准后贯彻执行。

（3）严格执行公司仓库保管制度及其细则规定，防止收发货物差错出现。入库要及时登账，手续检验不合要求不准入库；出库时手续不全不发货，特殊情况须经有关领导签批。

（4）负责仓库区域内的治安、防盗、消防工作，发现事故隐患及时上报，对意外事件及时处置。

（5）合理安排物料在仓库内的存放次序，按物料种类、规格、等级分区堆码，不得混合乱堆，保持库区的整洁。

（6）负责将物料的存储环境调节到最适条件，经常关注温度、湿度、通风、鼠害、虫害、腐蚀等因素，并采取相应措施。

（7）负责定期对仓库物料盘点清仓，做到账、物、卡三者相符，协助物料主管做好盘点、盘亏的处理及调账工作。

（8）负责仓库管理中的入出库单、验收单等原始资料、账册的收集、整理和建档工作，及时编制相关的统计报表，逐步应用计算机管理仓库工作。

（9）做到以公司利益为重，爱护公司财产，不得监守自盗。

（10）完成采购部部长临时交办的其他任务。

二、仓库保持适宜环境

不同的原料应有不同的储存环境,如干货仓库、冷藏室、冷库等,普通原料和贵重原料也应分别储存。各类仓库的设计应符合安全、卫生要求,并保持各仓库的清洁卫生,以杜绝虫害和鼠害,从而保证库存原料的质量。

餐饮企业要做好仓库管理工作,保证仓库质量及安全,以免造成损失,从而引起成本浪费。

以下是某餐饮企业仓库管理规定,仅供参考。

【范例】××餐饮企业仓库管理规定

××餐饮企业仓库管理规定

一、仓库安全及质量管理

安全管理控制应当结合自身的特点,采纳同类型餐饮企业仓储管理的先进经验,加强对仓库工作的管理。具体做法如下。

(1)限制人员进入。仓库管理应有专人负责,仓库保管人员除了允许相关的上层领导人可以进入库区以外,有责任和义务拒绝其他人员进入仓库重地;持有库门钥匙的人,交接班时要做好移交工作。

(2)仓库环境安全。仓库的设计和建筑必须考虑到能够有效地阻止非法人员入室偷盗行为的发生。

(3)采用有效的存货控制程序。为了预防仓库的物品尤其是贵重物品和容易失窃的物品发生被盗现象,应通过使用一种永续货物盘存制来管理,控制仓库物品可能发生损失的频率。

(4)仓库区域的照明和监控。在仓库区,室内灯光照明必须充足和明亮,有利于实施管理。

二、仓库工作的质量管理

仓库工作管理应制定一系列严格的操作规程,用以保障仓库管理措施到位、人员管理意识到位,具体包括下列5方面要求。

(1)保证物资产品数量完整,保障物资产品质量完好无损。

(2)贵重物资应存放于仓库内特别的小间或仓库内重点分隔区内,便于实施重点管理。

(3)物资产品储存堆放要有序;库区环境必须经常打扫,保持环境整洁,以有利于仓库货物的进出、检验、盘点和清仓。

(4)仓库应保持适当的空气流动和保持良好的通风状态。根据不同的物品储存的要求,做好防潮、防腐、防霉、防损、防变质等工作,同时还要配置适量的消防用品,以防不测。

(5)盘点管理。仓库可随时进行盘点，系统可自动调出库存产品和库存帐面数量，录入盘点数后自动计算盘盈、盘亏并调整库存数，记录货品盘查多出或者损坏的货品明细报损报溢单。

三、仓库物资流动的管理

餐饮不仅要对仓库安全及质量进行管理，还需对出库与入库物流进行管理，建立各项岗位责任管理制度，加强对仓库物资的动态管理。仓库动态管理的主要内容包括物资收发的记账程序、仓库货物的清点等部分。

（1）制定严格的管理操作细则，明确管理人员对物资流动管理的具体要求，主要有物资产品进库、存放、发货、查验等环节的控制，以便能够按照进货有数、储备有序、发料有据的规程运作；物资入库要先验收，后收料入账；进库物品均应定量过磅入库。

（2）各种物品都应设置明细台账，收入、发出、结存都按时登卡记账，同时要进行定期检查，核实来往账目，并定期清仓查库，做到账目、登记卡、物资和资金互相吻合。

（3）仓库物品的流动和周转非常繁忙，为了有效地确定仓库物品的储存数额，可以采用实地盘存制和永续盘存制两种基本做法。实地盘存法是根据物品储存次序编制表格，按序清点，通常每月盘存一次，以便为计算物品的成本提供必要的资料数据。永续盘存法的关键是使各种记录吻合一致，在任何时候都能及时了解物品的库存数量和金额有多少。当然，最理想的做法是把两种盘存法结合起来使用，以达到最有效的控制作用。

（4）采购入仓单、直拨单：录入从供应商那里采购的货品明细，直拨单与采购入仓单共用一个界面，如果产品入到厨房等各个具体工作部门，则是直拨单。直拨货必须由三方核对重量共同签署确认验收报告记录在案。

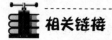 相关链接

餐饮食品原料仓库要求

（一）食品储存区域要求

餐饮原料的仓库每天要接收存储和分发大量的食品等原料，但是，不少餐饮企业对仓库的设计工作却不太重视，如允许其他部门占用仓库面积，或各个食品仓库相隔很远，甚至分散在各个不同的楼面，因而影响仓储控制工作。在仓库设计工作中需考虑的因素主要有以下2个方面。

1. 仓库的位置

从理论上看，仓库应尽可能位于验收处与厨房之间，以便于将食品原料从验收处运入仓库及从仓库送至厨房。在实际工作中，由于受建筑格局的限制，往往

不易做到这一点。如果一家餐饮企业有几个厨房，且位于不同的楼层，则应将仓库安排在验收处附近，以便方便、及时将已验收的食品原料送到仓库，可以减少原料被"顺手牵羊"的可能性。一般而论，食品仓库通常被设计在底楼或地下室内。

2. 仓库面积

确定仓库面积时，应考虑到餐饮企业的类别、规模、菜单、销量、原料市场的供应情况等因素。菜单经常变化，仓库面积就应大些；远离市场，进货周转时间较长的仓库就要比每天都能进货的企业的仓库大一些；如果喜欢一次性大批量进货，就必须有较大面积的储存场地。

仓库面积既不能过大，也不应过小。面积过大，不仅增加资本支出，而且会增加能源费用和维修保养费用。此外，人们往往喜欢在仓库放满物品，因此仓库过大，可能会引起存货过多的问题，如果仓库这时没有放满食品原料，空余的场地就有可能用来堆放其他用品，各类存货增多，进出仓库的人数也增加，会影响安全保卫工作。仓库面积过小，也会引起一系列问题：不少食品原料只能露天堆放，仓库的食品原料堆得满满的，仓库保管员既不易看到、拿到，也不易保持清洁卫生。

（二）温度、湿度和光线要求

几乎所有食品、饮料对温度、湿度和光线的变化都十分敏感，不同的食品、饮料在同一种温度、湿度、光线条件之下的敏感程度又不一样，因此，不同的食品饮料应存放于不同的储存库之内，并给予不同的温度、湿度及光线条件，使食品、饮料始终处于最佳待食用状态。

1. 温度要求

（1）干藏库。最好控制在10℃左右，当然15～22℃也是普遍被接受的温度。

（2）冷藏库。冷藏的主要作用是防止细菌生长，细菌通常在10～50℃之间繁殖最快，因此，所有冷藏食品都必须保存在10℃以下的冷藏间里。

由于食品的类别不同，其对应的冷藏温度也各异。

肉类的冷藏温度应在0～2℃之间；水果和蔬菜冷藏温度应在2～4℃之间；乳制品冷藏温度为0～2℃之间；鱼的最佳冷藏温度应在0℃左右。

存放多种食品的冷藏库只能采用折中方案，将温度平均调节在2～4℃之间。

（3）冷冻库。温度一般须保持在-18～-24℃之间。

2. 湿度要求

食品原料仓库的湿度也会影响食品存储时间的长短和质量的高低。不同的食品原料对湿度的要求是不一样的。

（1）干藏库。干藏食品库的相对湿度应控制在50%～60%之间，如果是储存米面等食品的仓库，其相对湿度应该再低一些。

如果干藏库的相对湿度过高，就应安装去湿干燥装置；相对湿度过低，空气太干燥，应使用湿润器或在库内泼水。

（2）冷藏库。水果和蔬菜冷藏库的湿度应在85%～95%之间；肉类、乳制品及混合冷藏库的湿度应保持在75%～85%之间。

相对湿度过高，食品会变得黏滑，助长细菌生长，加速食品变质；相对湿度过低，会引起食品干枯，可在食品上加盖湿布，或直接在食品上泼水。

（3）冷冻库应保持高湿度，否则干冷空气会从食品吸收水分。冷冻食品应用防潮湿或防蒸发的材料包好，防止食品失去水分及脂肪变质发臭。

（4）所有食品仓库均应避免阳光的直射。仓库的玻璃窗应使用毛玻璃。在选用人工照明时，应尽可能挑选冷光灯，以免由于电灯光热，使仓库的室内温度升高。

（5）储存仓库应保持空气流通。干藏室最好每4小时换次空气。冷藏间和冷冻室的食品不要靠墙存放，也不要直接放在地板上或堆放到天棚，以利空气流通。

（三）清洁卫生要求

干藏库和冷藏库的地板和墙壁的表面应经受得起重压，易于保持清洁，并能防油污、防潮湿。

食品仓库的高度至少应该是2.4米。如果使用空调，仓库里就应有充足的压力通风设备。

仓库内应有下水道，以便清洗冰箱、擦洗墙面和地板。

食品仓库在任何时候都应保持清洁卫生，企业应制定清洁卫生制度，按时打扫。食品仓库里绝对不可堆放垃圾。

干藏库同样应每天清扫，特别是要注意角落和货架底下的打扫。

干藏库要做好防虫、防鼠工作。墙上、天棚和地板上的所有洞口都应堵塞住，窗口应安装纱窗，如果暖气管和水管必须穿过仓库的墙壁，管子周围应填塞。在杀虫灭鼠工作中，库管人员应请专家指导，以便正确使用杀虫剂和灭鼠毒药。

三、及时入库、定点存放

购入原料经验收后应及时运送至适宜的储存处，在储存时，各类原料、每种原料应有固定的存放位置，以免耽搁收发而引起不必要的损失。存货登记卡见表3-13。

四、及时调整原料位置

入库的每批次原料都应注明进货日期，并按先进先出的原则发放原料，并及时调整原料位置，以减少原料的腐烂或霉变损耗。

表3-13　存货登记卡

月	日	凭证		摘要	收入			发出			结存		
		名称	号码		数量	单价	金额	数量	单价	金额	数量	单价	金额

五、定时检查

仓库保管员应定时检查并记录干货仓库、冷藏室、冷库及冷藏箱柜等设施设备的温湿度，以保证各类原料在适宜的温湿度环境下储存。仓库检查表见表3-14。

表3-14　仓库检查表

检查时间	检查项目	检查方法	检查情况		检查人
			正常	不正常	

六、定期盘存

（一）定期做好仓库的盘存

定期做好仓库的盘存，一般每半个月要进行一次。通过盘存，明确重点控制哪些品种，采用何种控制方法，如暂停进货、调拨使用、尽快出库使用等，从而减少库存资金占用，加快资金周转，节省成本开支，以最低的资金量保证营业的正常进行。严格控制采购物资的库存量，每天对库存物品进行检查（特别是冰箱和冰库内的库存物品），对于不够的物品及时补货，对于滞销的物品，减少或停止供应，以避免原材料变质造成的损失。

根据当前的经营情况合理设置库存量的上下限，每天由厨房仓管人员进行盘点控制，并做到原材料先进先出，保证原料的保质保量。

> **特别提示**
>
> 对于一些由于生意淡季滞销的原料等，及时通过加大促销，避免原料到时过期造成浪费。

（二）保质期管理

餐饮企业食品原料都有一定的保质期，有些物料保质期短，所以仓储必须有标签，并规定一定的保质期。

（三）建立原料报损制度

对于原料变质、损坏、丢失制定严格的报损制度，如餐具等制定合理的报损率，超过规定部门必须分析说明原因，并与奖金考核挂钩。

（四）月底盘点要点

盘存是一项细致的工作，是各项分析数据的基础，盘存的准确与否，也影响了成本的准确度。

> **成本控制小结：**
> 通过本节学习，你学到哪些有用的控制成本方法？
> 你所在的餐饮企业，在储存环节中，还采取了什么控制成本的措施？

第四节　发放成本控制

食品原料发放管理的目的：一是保证厨房用料得到及时、充分的供应；二是控制厨房用料数量；三是正确记录厨房用料成本。

一、定时发放

为了使仓库保管员有充分的时间整理仓库，检查各种原料的情况，不至于成天忙于发原料，耽误其他必要的工作，应作出领料时间的规定，如上午8～10时，下午2～4时。仓库不应一天24小时都开放，更不应任何时间都可以领料，如果这样，原料发放难免失去控制。同时，只要有可能，应该规定领料部门提前一天送交领料单，不能让领料人员立等取料，这样，保管员便有充分时间准备原料，免出差错，而且还能促使厨房作出周密的用料计划。

餐饮材料领用汇总表见表3-15。

表3-15　餐饮材料领用汇总表

年　　月　　日

材料类别	领用数量	领用部门	领料人	发料人	领料时间
水产					
肉类					
禽蛋					
乳品					
蜜饯					
干货					
珍品					
调味					
罐头					
粮油					
腌腊					
水果					
软饮料					
酒水					
香烟					
……					
合计					

二、原料物资领用单使用制度

为了记录每一次发放的原料物资数量及其价值，以正确计算食品成本，仓库原料发放必须坚持凭领用单（或领料单，见表3-16）发放的原则。领用单应由厨房领料人员填写，由厨师长核准签字，然后送仓库领料，保管员凭单发料后应在领用单上签字。原料物资领用单须一式三份，一联随原料物资交回领料部门，一联由仓库转财务部，一联作仓库留存。正确如实记录原料使用情况。

餐厅厨房经常需要提前准备数日以后所需的食物，如一次大型宴会的食物往往需要数天甚至一周的准备时间，因此，如果有原料不在领取日使用，而在此后某天才使用，则必须在原料物资领用单上注明该原料消耗日期，以便把该原料的价值记入其使用的食品成本。

三、正确计价

原料发放完毕，保管员必须逐一为原料领用单计价。原料的价格，在进料时

表3-16 原料物资领用单

领用部门： 年 月 日 No.

品名	规格	单位	请领数	实发数	金额	备注
合计						

领料人： 厨师长或部门主管： 仓库保管员：

都已注明在原料的包装上，如果是肉类，则在双联标签的存根上。如果餐厅没有采取这种方法，则常以原料的最近价格进行领用单原料计价。计价完毕，连同双联标签存根一起，把所有领用单送交食品成本控制员，后者即可以此计算当天的食品成本。

四、内部原料调拨的处理

大型旅游餐厅往往设有多处餐厅、酒吧，因而通常会有多个厨房。餐厅之间、酒吧之间、餐厅与酒吧之间不免发生食品原料的互相调拨转让，而厨房之间的原料物资调拨则更为经常。

> **特别提示**
> 为了使各自的成本核算达到应有的准确性，餐厅内部原料物资调拨应坚持使用调拨单，以记录所有的调拨往来。

调拨单（见表3-17）应一式四份，除原料调出、调入部门各需留存一份外，一份应及时送交财务部，一份由仓库记账，以使各部门的营业结果得到正确的反映。

表3-17 内部原料物资调拨单

调入部门： 调出部门：
年 月 日 No.

品名	规格	单位	请领数	实发数	金额	备注
合计						

> **成本控制小结：**
> 通过本节学习，你学到哪些有用的控制成本方法？
> 你所在的餐饮企业，在发放原料环节中，还采取了什么控制成本的措施？

第五节　科学设计菜单

如果设计菜单时没有理性地考虑成本，或是没有对现有菜单进行评估，或者是菜单不合理，就会影响餐饮成本的控制。

菜单设计的好坏，直接影响到餐厅的成本，在经营菜品中，有的菜品毛利达到80％或90％，有的菜品毛利仅为10％或20％，如果通过膳食合理搭配推销，既能使顾客感觉到营养、实惠，又能使餐厅成本得到控制。

一、菜单外型设计

完成筛选、定价等步骤后，就必须将所拟订的菜单规划成一种引人入胜的形式，此步骤必须专业人员和餐饮经理充分沟通，进行整体的设计，项目包括外型、尺寸、质感、颜色、字体、印刷方式等，下列7个技巧则必须注意。

（1）干净且有效地运用空间，但也不要太过拥挤，一般以50％的留白最为理想。

（2）封面的设计需具吸引力，并且能与餐厅的室内装潢互相辉映。

（3）菜单的配置形式很多（如图3-1所示），不论采用哪一种形式，都需详细考量整体顺序，如上菜的顺序等，但是不妨匠心独具地配上不同的颜色、形状来彰显创意。

（4）菜名的撰写需清楚易懂，如果是外文的菜名，则需附注翻译或加以叙述。

（5）可适时地加入文字或插页来促销特定食物及饮料。

（6）别忘了加入地址、电话及营业时间，再次地提醒顾客以加深印象。

（7）切不可把菜名或旧价格涂掉，而填上高价或以廉价的菜色取代，一定要重新印制新菜单，以免引起顾客不满。

二、更换使用设计

有些餐厅经年累月使用同一个菜单，或以相似结构的菜单企图招徕顾客，甚至以能长期使用单一菜单为傲，殊不知餐饮市场诡谲多变，顾客更是喜新厌旧，如果不能维持适度的新鲜感，随时都有被淘汰之虞。

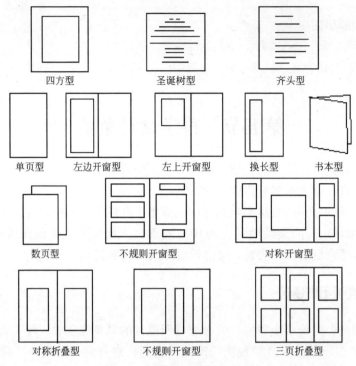

图3-1 菜单设计的格式参考

（一）循环菜单

菜单的制作耗时费力，不可能经常更新菜单，最有效率也最具成效的方式，就是以几个菜单轮流使用，并按一定的系统制度来做适当的调节。

循环的方式有下列几种：以周或月为单位的单纯循环；以几套菜为单位单纯循环；以数套餐不定期循环；菜色拆开的循环。

（二）季节菜单

有些餐厅会依产品的产期而推出不同菜色的季节性菜单，或在餐饮的淡旺季中适时地变化菜单，以特殊口味或低价吸引客人。

> **特别提示**
>
> 菜单设计常犯的错误有：尺寸太小，菜式种类又多，增加阅读的困难；字体太小，老年人不易阅读；没有描述菜肴内容；每一项目都用相同的表现手法，无法凸显获利较高的菜色；点心和饮料等可额外获利的餐品并未列入；空白页太多，造成浪费；整体设计与餐厅风格或餐品内容格格不入。

三、菜单评估与修正

菜单制作完成，并非表示就可以高枕无忧了，应随时留心客人的反应，顺应时下的餐饮风尚做进一步的菜单修正。

（一）修订的步骤

在修正的过程中，可以采取的步骤如图3-2所示。

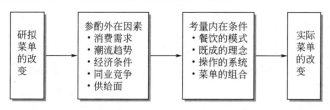

图3-2　菜单修正的步骤

（二）定期做口味调查

定期的口味调查即是利用问卷调查的方式，确实探知消费者的口味，及对更换餐饮的喜好度。问卷的设计至少应包括口味、分量、热度、香味、装饰、价格等6项。调查的频率不可太多，也不可太少，每半年或一年一次最理想，其注意事项如下。

1. **经常和同业做口味比较**

为了使比较的结果更具参考性，做比较时必须把握"模拟"的原则。如一家中型的粤菜餐厅，就应和中型粤菜餐厅做比较，而口味比较可先从同地区的同业比较起，然后再逐渐比较其他区域的同业。

2. **简化菜单以淘汰不受欢迎的菜色**

在调整菜单时，乏人问津或极少卖出的冷门菜，应该毫不犹豫地把它们剔除掉，这样不仅可以减少材料的准备和浪费，也可避免第一次上门的顾客点到这些菜，而对餐厅的口味产生不良的印象。

3. **套餐的运用**

套餐是将餐厅里最受欢迎的菜组合成套，提供消费者点菜的便利。它对经常来用餐的老主顾来说，是个划算的选择，对第一次上门的新客人，则有"广告"的作用，能帮助餐厅在客人心目中建立良好的第一印象。

4. **多推出季节性的菜肴**

大多数海鲜、蔬果类的食品都有一定的生产季节，在生产季节中这些食品不但数量多、品质佳，价格也比较便宜，而不在生产季节时，不但数量少、品质差，价格也变得很贵。

（三）分析每日销售情形

使用"每日菜单销售情形表"来正确记录菜色的消耗量，然后将所有菜分为如下4类。

（1）受欢迎且获利高。

（2）不受欢迎但获利高。

（3）受欢迎但获利低。

（4）不受欢迎且获利低。

如此一来，每月或每周评估时，就知道什么菜该保留、什么菜该删除。但是在删除菜色的同时，也要注意菜单的完整性，若把所有不受欢迎且获利低的菜色全部删除的话，菜单可能将支离破碎，餐厅的特色也将不复存在了。

四、菜单定价

在定价的决策里应考虑顾客对餐品与价值之间的联想，简单地说，餐饮业的"产品"价值，都是依顾客的眼光来评定的。

（一）定价时需考虑因素

既然餐饮产品是由食物食材及其外层的各种因素所构成，定价时当然要包括材料成本、人事费用、场地租金等有形的成本，除了这些，为了使其"产品"更具市场性，定价的策略也不能忽略同业的竞争和顾客的心理因素。

1. 同业的竞争

餐饮企业经常面临同一地区内有同等级及相似产品的挑战。"知己知彼，百战百胜"，因此应先熟读同业的菜单，并了解热门的食物种类及其定价，然后用产品差异法或是重点产品的低价方式切入市场，以吸引更多的客人。

2. 心理因素

在价格心理学的理论中提及，数字策略的运用的确可以加强顾客购买的欲望。标价199的商品要比标价200的好卖，同样地，奇数结尾的149元标价，也比定价是整数的150元更令人心动。同时，也可以采用"声东击西"策略，转移顾客的注意力。

> **案例**
>
> 一个以东北大馅饺子为主营业务的特色餐馆，如果你是第一次光顾这家餐馆，你很容易从店面装修的外观来直观感受他们的特色。纯木质清漆的门头、几个仿清朝的大炮和酒坛、店内大堂陈列的清朝十三帝的大幅画像，还有很多胸前挂着星级的具有清朝特色的服务员等，但如果你马上被这些特色所吸引而沉醉，

则很难看懂他们的深层营销手段。其实他们除了这些直观的装修特色和人文环境之外，整体的档次倒是一般，甚至连贵宾包厢都设在了地下半层（哈尔滨的特殊建筑结构），这其实是没有太明显的吸引力的。

最高明的促销秘籍就藏在他们的菜单上。如果你只点了饺子，则正常的肉馅饺子无论是蒸饺还是水饺一律6元一份（12个）。客观上说，这个价格对应他们的产品，其实是不贵的，并且可以向您保证绝对新鲜好吃，但你可千万不要涉及菜品，因为随意一道菜品的价格动辄数十元。

但是，又有谁光吃饺子而不点菜呢？所以你一旦点了菜品，甚至哪怕是简单的凉菜，价格都是不菲的。值得一提的是，由于饺子非常好吃实惠，所以就将饺子的价格表压到了每张餐桌、每个台位的玻璃下面，而菜品的价格却没有提供。凉菜和炖菜都需到橱窗现场选购，而其他菜品则可以直接通过服务员来点，这时候，你便会不自觉地丧失了对菜品价格的直观敏感性，而满脑子都是"饺子好吃又很实惠"的美好印象，于是你便开始了麻木的狂点……

如果你今天带的是贵客，则马上会有"眼尖"的服务员殷勤地给您推荐60元一份的"鲍鱼蒸饺"等其他高档菜品，并且不由分说积极给您推荐到手。有意思的是，如果你直接点饺子而没有点其他菜品，则马上会有服务员非常"善意"地提醒你说："您可以先点菜，饺子上的快，不着急。"

（二）定价策略

在定价的艺术里，通常要考虑"顾客付款的能力"，这种方式当然是最直接的联想，而且是重要的市场因素之一。实际上，还是有些技巧能帮助餐饮经理在定价的过程中，在成本、利润与经营理念上取得平衡，同时较能确定定价不至于太高，致使竞争者有机可乘，也不会因售价太低而利润微薄。

> **特别提示**
>
> 不同管理控制系统的餐厅，当然会有不同的定价策略，但是下面两点基本原则是不变的：每道菜制备所需的食物材料，包括调味料，都要精确地算入成本里；价格需订在顾客可接受的范围内。

一般餐饮企业采用的定价策略有3种，具体见表3-18。

（三）常见的菜单定价法

餐饮业虽然每日有庞大的现金收入，但大小餐厅到处林立，不能和高科技产品一样申请专利抬高售价，其利润大约占销售金额的一至四成左右。

目前最广受欢迎的两种定价方法为成本倍数法和利润定价法，现说明如下。

表3-18 餐饮定价策略

序号	策略	说明	备注
1	合理价位	客人能负担得起，且在餐厅有利润的前提下，以餐饮成本为基数，加上某特定倍数，而制定出来的价格	食物成本比例确定一个标准，如46%，意思是希望所有食物的成本约占销售总额的46%
2	高价位	有些餐厅会把菜单的价格定出比合理价位高许多的"天价"，其主要目的有二： （1）产品独特，市场无竞争对手，销售者可乘机赚取最高利润 （2）本身知名度高，信誉卓著，于是将主要顾客定位在人口金字塔的顶端，迎合这些顾客的价值观念，使出入餐厅的客人身份地位的表征得以满足	在执行时，需配合着高品质的产品及完善的服务等附加价值，使顾客更能欣然接受
3	低价位	为了促销新产品，或为了出清存货，求现周转，把菜单价格定在比总成本低或边际成本的价格，使市场的接受率大大提高，薄利多销	

1. 成本倍数法

即在决定菜单售价时，首先会考虑到餐饮成本，而此成本实际上是由食材、工资及经常费用等三项构成的，因此，最常见的餐饮定价法自然是所谓的成本倍数法，其计算步骤举例如下。

例：某道菜材料成本为20（元），此道菜工资为5（元），主要成本额为20+5=25（元）。

设定主要成本率为60%，主要成本率的倍数：100%÷60%=1.66（倍）。

主要成本额×倍数=售价，即25×1.66=41.5（元）。

此方法的优点是简单易算、清楚易懂，但是餐饮的经营，除了主要成本（材料及人事费用）外，还会有其他的开销及变量，而影响最后的利润所得，因此并非最理想的方式。

2. 利润定价法

此法较有科学根据，以利润的需求和食物成本合并来计算，如下例。

例：假设年度预算如下。

预估食物销售量=30000（元），操作费用（不含食物成本）=18900（元），预期利润为1500（元）。

步骤一，预估食物成本：30000-（18900+1500）=9600（元）。

步骤二，计算出定价的倍数：30000÷9600=3.13（倍）。

步骤三：计算出每道菜的售价。

如牛排的成本为8（元），售价=食物食材成本×（倍），则牛排的售价为：8（元）×3.13=25（元）。

该方法的重点是将利润估算成所花费成本的一部分，以确保利润、提高效率。

五、婚宴菜单设计制作

婚礼是人生众多仪礼中人们最重视的礼仪之一,而婚宴又是整个婚礼过程的关键所在,我国民间早就有"无宴不成婚、无酒不嫁女"的说法。

(一)菜肴的数目应为双数

婚宴菜肴数目通常以八个菜象征发财,以十个菜象征十全十美,以十二个菜象征月月幸福。

如江南地区流行的"八八大发席"全席由八道冷菜、八道热菜组成,而且举办婚礼的日子也通常多选于农历双月的初八、十八、二十八,暗扣"要得发,不离八;八上加八,发了又发"的吉祥寓意。常见菜单如下。

八冷碟:炙骨、油鸡、红鸭、凤鱼、蛰皮、彩蛋、香菌、芹菜。

八热菜:如意海参、八宝酥鸭、花酿冬菇、三鲜海圆、荷花鸡茸、一品枣莲、麒麟送子、全家合欢。

(二)菜肴命名尽量选用吉祥用语

菜肴命名尽量选用吉祥用语以寄托对新人美好的祝愿,从心理上愉悦顾客,烘托气氛。

某餐饮企业的婚宴菜单,其中的十二道菜均被冠上吉祥的名称,取得烘托气氛、愉悦顾客、祝福新人的效果。

四海同歌韵和鸣——龙凤拼盘　　鸾凤喜映神仙池——迷你佛跳墙
百年好和锦玉带——玉环鸳鸯贝　　海誓山盟龙凤配——蒜茸蒸龙虾
月老红线牵深情——红烧刺参扣鱼肚　比翼双飞会鹊桥——金钱鸡拼酿鸡翅
天长地久庆有余——糖醋煎黑鲔鱼　　纱窗绣幕鸳鸯枕——什锦烩蔬菜
同心齐谱金镂曲——红鲟米糕　　七夕佳偶牵手心——虱目鱼丸汤
花团锦簇并缔莲——团圆莲子露　　馥兰馨果合家欢——环球水果盘

(三)因人配菜

我国是一个多民族的国家,每个民族均有自己独特的风俗习惯和饮食禁忌,在婚宴菜单的时候应先了解顾客的民族、宗教、职业、嗜好和忌讳,灵活掌握搭配出顾客满意的菜单。

比如传统的清真婚宴八大碗、十大碗中的菜品通常以牛、羊肉为主,讲究一点的配上土鸡、土鸭、鱼等菜肴,有着丰富的民族特色。

(四)菜品原料注意禁忌

婚宴的菜式一般不受帮口流派的限制,原料不要求十分名贵,但要分量稍多、口感适合,尽量与酒水相配,千万不能出现顾客没有吃饱或者觉得无东西可吃的情况。

传统婚宴菜品中原料必须有鸡,象征吉祥喜庆;必须有鱼,象征年年有余,而且一般作为压尾的荤菜来上席;一般要有大枣、花生、桂圆、莲子,取其谐音,祝福新人早生贵子。婚宴中的大部分菜肴以红色调为主,给顾客带来喜庆的感觉,一般有"酱红、棕红、橘红、胭脂红等"。

> **成本控制小结:**
> 通过本节学习,你学到哪些有用的控制成本方法?
> 你所在的餐饮企业,在设计菜单时还采取了什么控制成本的措施?

第四章　餐饮食品生产中成本控制

第一节　标准菜谱利用

一、了解标准菜谱

标准菜谱是以菜谱的形式，列出用料配方，规定制作程序，明确装盘形式和盛器规格，指明菜肴的质量标准和每份菜肴的可用餐人数、成本、毛利率和售价。

二、标准菜谱作用

标准菜谱作用，主要包括以下8个方面。

（1）预示产量。可以根据原料数量，测算生产菜肴的份数，方便成本控制。

（2）减少督导。厨师知道每个菜肴所需要的原料及制作方法，只需要遵照执行即可。

（3）高效率安排生产。制作具体菜肴的步骤和质量要求明确以后，安排工作时更加快速高效。

（4）减少劳动成本。可以减少厨师个人的操作技巧和难度，技术性可相对降低，劳动成本也因而降低。

（5）可以随时测算每个菜的成本。根据配方核算每个菜的成本。

（6）食谱程序书面化。可以避免对个人因素的依赖。

（7）分量标准。按照标准菜谱规定的各项用料进行生产制作，可以保证成品的分量标准化。

（8）减少对存货控制的依靠。通过销售菜品份数与标准用料计算出已用料情况，再扣除部分损耗，便可测知库存原料情况，有利于安排生产和进行成本控制。

三、标准菜谱内容

标准菜谱内容，具体见表4-1。标准菜谱格式见表4-2。

表4-1　标准菜谱内容

序号	类别	说明
1	菜点名称	一道菜肴或点心，在一家餐饮企业应有个规范的名称
2	投料名称	菜肴的标准用料，包括菜肴的主料、配料、料头和调料

续表

序号	类别	说明
3	投料数量	主料、配料、料头及调料的数量,以及与之相配的单位
4	制作程序	一个餐饮企业只能规定一种程序、一种做法,保证给消费者统一形象和标准
5	成品质量要求	成品质量标准,是该菜肴、点心应该达到的目标
6	盛器	菜肴、点心销售盛装的器皿,选择与之相配的盛器,可以丰富、保持甚至提高菜品的形象及质量
7	装饰	菜肴的盘饰、美化,包括装饰用料、点缀方式
8	单价、金额、成本	单价是指标准菜谱应说明每种用料的单位价格,在此基础上,计算出每种原料的金额,汇总之后即可得出该道菜或点心的成本
9	使用设备、烹饪方法	不同设备、不同烹饪方法,会导致菜肴的不同风味、不同风格特征
10	制作批量、份数	有些菜肴可以单独制定一份标准菜谱单独生产,有些则适宜批量制作,集中测定用料、用量
11	类别、序号	类别是菜肴、点心的种属划分,使用序号将标准菜谱有序排列,方便统计、分类管理和使用

表4-2 标准菜谱

菜品名称		机密□ 公开□							
主料	分量	选料标准			切配标准				
辅料	分量	选料标准			切配标准				
调料	重量	调料	重量	调料		重量	调料		重量
烹调制作		烹调步骤			注意事项				
装盘标准		容器规定	碟头要求		菜形要求			注意事项	
菜品特色		口味:							
		营养:							
		适宜人群:							
菜品预定毛利		%	菜品毛利下限不低于			%	建议售价		元

四、标准菜谱制定程序

（一）制定标准菜谱的情况

（1）已经生产经营的餐饮企业，现行品种已有标准菜谱，需要修正、完善。

（2）正在生产经营的餐饮企业，菜点品种少，没有标准菜谱。

（3）即将开展经营的餐饮企业，将要制定标准菜谱。

（二）标准菜谱制定步骤

（1）确定主、配料原料及数量。

（2）规定调味料品种，试验确定每份用量。

（3）根据主、配、调味料用量，计算成本、毛利及售价。

（4）规定加工制作步骤。

（5）选定盛器，落实盘饰用料及式样。

（6）明确产品特点及质量标准。

（7）添填置标准菜谱。

（8）按标准菜谱培训员工，统一生产出品标准。

五、标准菜谱制作要求

标准菜谱制作要求，主要包括以下7点。

（1）形式和叙述简单易懂，便于阅读。

（2）原料名称确切，如醋应注明是白醋、香醋还是陈醋；原料多少准确，易于操作；按使用顺序排列；说明因季节供应的原因需用替代品的配料。

（3）叙述用词准确，使用熟悉的术语，不熟悉或不普遍的术语应详细说明。

（4）由于烹调的温度和时间对产品质量有直接的影响，制定标准菜谱应详细标明操作时的加热温度范围和时间范围，以及制作中产品达到的程度。

（5）列出所用餐具的大小和品格，因为它也是影响烹饪产品成败的一个因素。

（6）说明产品的质量标准和上菜方式，言简意明。

（7）任何影响质量的制作过程都要准确规定。

> **特别提示**
>
> 标准菜谱是一种控制工具和厨师的工作手册，可以变通制定形式，但一定要有实际指导意义。

以下是某餐饮企业的一份标准菜谱，仅供参考。

▼【范例】××餐饮企业标准菜谱

<table>
<tr><td colspan="9" align="center">××餐饮企业标准菜谱</td></tr>
<tr><td colspan="3">菜名：鹿尾炖鸭
规格：10寸汤盅（10位用）</td><td colspan="3">用于：
售价：</td><td colspan="3">宴会总成本：</td></tr>
<tr><td rowspan="2">用料名称</td><td rowspan="2">数量</td><td colspan="2">第一次测算成本</td><td colspan="2">第二次测算成本</td><td rowspan="2">制作程序</td><td rowspan="2">备注</td></tr>
<tr><td>单价</td><td>成本</td><td>单价</td><td>成本</td></tr>
<tr><td>鲜鹿尾
姜片
料酒</td><td>900克
20克
25克</td><td></td><td></td><td></td><td></td><td>（1）将鲜鹿尾用开水泡洗后切成段
（2）起锅放油爆香姜片，放入鹿尾煸透，烹入料酒，装入炖盅内</td><td>干鹿尾洗净则可，不需开水泡，直接装入盅内</td></tr>
<tr><td>光鸭
杜仲
桂圆肉
枸杞子
火腿片
高汤</td><td>1250克
32克
20克
8克
40克
1500克</td><td></td><td></td><td></td><td></td><td>（1）光鸭焯水断血洗净，连同其他用料一起装入盅内，加入高汤
（2）将盅盖封好上笼蒸3小时</td><td>蒸炖时间根据蒸锅汽压而定，以蒸至原料酥烂脱骨为标准</td></tr>
<tr><td>料酒
精盐</td><td>25克
35克</td><td></td><td></td><td></td><td></td><td>取出盅，加入调料上笼再蒸半小时，即可上桌</td><td>上桌时垫上垫盘</td></tr>
</table>

> **成本控制小结：**
> 通过本节学习，你学到哪些有用的控制成本方法？
> 你所在的餐饮企业，在标准菜谱方面还采取了哪些方式？

第二节 生产过程控制

一、加工过程控制

加工过程包括了食材初加工和细加工，初加工是指食材的初步整理和洗涤，而细加工是指对食材的切制成形，在这个过程中应对加工净出率和数量加以严格控制。

（一）粗加工

粗加工过程中的成本控制工作主要是科学准确地测定各种原料的净料率，为提高原料的净料率，就必须做到以下3点。

（1）粗加工时，严格按照规定的操作程序和要求进行加工，达到并保持应有的净料率。

（2）对成本较高的原料，应先由有经验的厨师进行试验，提出最佳加工方法。

（3）对粗加工过程中剔除部分（肉骨头等）应尽量回收利用，提高其利用率,做到物尽其用,以便降低成本。

1. 部分家禽类食材的净出率

部分家禽类食材的净出率,见表4-3。

表4-3 部分家禽类食材的净出率

毛料品名	净料处理项目	净料		下脚料、废料
		品名	净料率/%	损耗率/%
光统鸡	分档整理,洗涤	净鸡 其中: 　　鸡肉 　　鸡壳 　　头脚 　　胗肝	88 43 30 11 4	12
毛统鸡	宰杀,去头、爪、骨、翅、内脏	熟白鸡	55	45
	剔肉	鸡丝	35	65
	宰杀,去头、爪、内脏	鸡块	50	50
毛笨鸡	宰杀,去头、爪、内脏	净鸡	62	38
野鸡	宰杀,去头、内脏,洗净	净野鸡	75	25
野鸭	宰杀,去头、内脏,洗净	净野鸭	75	25
光鸭	宰杀,去头、内脏、洗涤	熟鸭	60	40
光鸡	煮熟,整理分档	净鸡 其中: 　　胗肝 　　肠 　　脚 　　带骨肉	94 8 3 8 75	6
鸭胗	去黄皮垃圾,洗涤	净胗	85	15
活公鸡	宰杀,洗涤,分档	净鸡	67	15
		胗、肝、心、脚、腰等	18	
活母鸡	宰杀,洗涤,分档	净鸡	70	13
		胗、肝、心、脂肪、脚等	17	

2. 部分水产品类食材的净出率

部分水产品类食材的净出率,见表4-4。

表4-4 部分水产品类食材净出率

毛料品名	净料处理项目	净料		下脚料、废料
		品名	净料率/%	损耗率/%
鲤鱼、鲢鱼	宰杀,去鳞、鳃、内脏,洗涤	净全鱼	80	20

续表

毛料品名	净料处理项目	净料		下脚料、废料
		品名	净料率/%	损耗率/%
鲫鱼、鳜鱼	宰杀，去鳞、鳃、内脏，洗涤	净鱼块	75	25
大、小黄鱼	宰杀，去鳞、鳃、内脏，洗涤	炸全鱼	55	45
黑鱼、鲤鱼	剔肉切片	净鱼片	35	65
鲢鱼	剔肉切片	净鱼片	30	70
鳜鱼	剔肉切片	净鱼片	40	60
活鳝鱼	宰杀，去头、尾、肠、血，洗净	鳝段、丝	62（50）	38（50）
活甲鱼	宰杀，去壳、内脏，洗涤	熟甲鱼	60	40
鲳鱼	宰杀，去鳞、鳃、内脏，洗涤	无头净鱼	80	20
带鱼	宰杀，去鳞、鳃、内脏，洗涤	无头净鱼	74	26
鲅鱼	宰杀，去鳞、鳃、内脏，洗涤	净鱼	76	24
大虾	去须、脚	净虾	80	20
比目鱼	宰杀，去内脏、皮、骨，洗涤	净鱼	59	41
鳜鱼	剔肉切成泥茸	净鱼泥茸	45	55

3. 部分蔬菜类食材的净出率

部分蔬菜类食材的净出率，见表4-5。

表4-5 部分蔬菜类食材净出率

毛料品名	净料处理项目	净料		下脚料、废料
		品名	净料率/%	损耗率/%
白菜	除老叶、帮、根，洗涤	净菜心	38	62
白菜、菠菜	除老叶、根，洗涤	净菜	80	20
时令冬笋	剥壳、去老根	净冬笋	35	65
时令春笋	剥壳、去老根	净春笋	35	65
无叶莴苣	削皮、洗涤	净莴苣	60	40
无壳茭白	削皮、洗涤	净茭白	80	20
刀豆	去尖头、除筋，洗净	净刀豆	90	10
蚕豆、毛豆	去壳	净豆	60	40
西葫芦	削皮、去籽、洗涤	净西葫	70	30
茄子	去头、洗涤	净茄子	90	10
冬瓜、南瓜	削皮、去籽、洗涤	净瓜	75	25
小黄瓜	削皮、去籽、洗涤	净黄瓜	75	25

续表

毛料品名	净料处理项目	净料		下脚料、废料
		品名	净料率/%	损耗率/%
大黄瓜	削皮、去籽、洗涤	净黄瓜	65	35
丝瓜	削皮、去籽、洗涤	净丝瓜	55	45
卷心菜	除老叶、根,洗涤	净卷心菜	70	30
卷心菜	除老叶、根,洗涤	净菜叶	50	50
芹菜	除老叶、根,洗涤	净芹菜	70	30
青椒、红椒	除根、籽,洗涤	净椒	70	30
菜花	除叶、梗,洗涤	净菜花	80	20
大葱	除老皮、根,洗涤	净大葱	70	30
大蒜	除老皮、根,洗涤	净大蒜	70	30
圆葱	除老皮、根,洗涤	净圆葱	80	20
山药	削皮、洗涤	净山药	66	34
青、白萝卜	削皮、洗涤	净萝卜	80	20
土豆	削皮、洗涤	净土豆	80	20
莲藕	削皮、洗涤	净莲藕	75	25
蒜苗	去头、洗涤	净蒜苗	80	20

4. 部分干货类食材的净出率

部分干货类食材的净出率,见表4-6。

表4-6 部分干货类食材净出率

毛料品名	净料处理项目	净料		下脚料、废料
		品名	净料率/%	损耗率/%
鱼翅	拣洗,泡发	净水发鱼翅	150~200	
刺参	拣洗,泡发	净水发刺参	400~500	
干贝	拣洗,泡发	水发干贝	200~250	
海米	拣洗,泡发	水发海米	200~250	
干鱼肚	油浸发水泡软,挤干水分	水发鱼肚	300~450	
蜇头	拣洗,泡发	净蜇头	130	
海带	拣洗,泡发	净水发海带	500	
干肉皮	油浸发水泡软,挤干水分	水发肉皮	300~450	
干猪蹄筋	油浸发水泡软,挤干水分	水发猪蹄筋	300~450	
干蘑菇	拣洗,泡发	水发蘑菇	200~300	

续表

毛料品名	净料处理项目	净料		下脚料、废料
		品名	净料率/%	损耗率/%
黄花菜	拣洗，泡发	水发黄花菜	200～300	
竹笋	拣洗，泡发	水发竹笋	300～800	
冬菇	拣洗，泡发	水发冬菇	250～350	
香菇	拣洗，泡发	水发香菇	200～300	
黑木耳	拣洗，泡发	水发黑木耳	500～1000	
笋干	拣洗，泡发	水发笋干	400～500	
玉兰片	拣洗，泡发	水发玉兰片	250～350	
银耳	拣洗，泡发	净水发银耳	400～800	
粉条	拣洗，泡发	净湿粉条	350	
带壳花生	剥去外壳	净花生仁	70	30
带壳白果	剥去外壳	净白果仁	60	40
带壳栗子	剥去外壳	净栗子肉	63	37

（二）细加工

切配时应根据原料的实际情况，整料整用、大料大用、小料小用、下脚料综合利用，以降低菜品成本。加工数量应以销售预测为依据，满足需要为前提，留有适量的储存周转量，避免加工过量而造成浪费，并根据剩余量不断调整每次的加工量。

1. 切配料头规格

切配料头规格，具体见表4-7。

表4-7　切配料头规格表

料头名称	用料	切制规格要求	配制菜肴
姜片	老姜	长1厘米、宽1厘米、厚0.1厘米	宫保鸡丁等
蒜片	大蒜	长1厘米、宽1厘米、厚0.1厘米	火爆腰花等
鱼眼葱	细葱	长0.5厘米的粒	鱼香肉丝等
……			

2. 猪的加工成型标准

猪的加工成型标准，具体见表4-8。

3. 鸡的加工成型标准

鸡的加工成型标准，具体见表4-9。

表4-8 猪的加工成型标准

成品名称	用料及部位	加工成型规格	适用范围
肉丝	里脊、弹子肉、盖板肉、肥膘	长8厘米、粗0.3厘米×0.3厘米	炒、熘、烩、煮
	里脊、弹子肉、盖板肉	长10厘米、粗0.4厘米×0.4厘米	炸
肉片	里脊、弹子肉、盖板肉、腰柳	长6厘米、宽4.5厘米、厚0.3厘米	炸、熘、烩、煮
	五花肉、宝肋肉	长8厘米、宽4厘米、厚0.4厘米	蒸
肚片	猪肚	长6厘米、宽3厘米、厚0.4厘米 ……	卤、拌
舌片	猪舌	长6厘米、宽4厘米、厚0.2厘米 ……	卤、拌
……			

表4-9 鸡的加工成型标准

成品名称	用料及部位	加工成型规格	适用范围
鸡丝	鸡脯肉	长8厘米、粗0.4厘米×0.4厘米	炒、熘、烩、煮
	鸡脯肉、腿肉	长6厘米、粗0.4厘米×0.4厘米	鸡丝卷
鸡片	鸡脯肉	长6厘米、宽4.5厘米、厚0.3厘米	炒、熘、烩、煮
	鸡脯肉、腿肉	长6厘米、宽4厘米、厚0.4厘米	拌
……			

4. 鱼的加工成型标准

鱼的加工成型标准，具体见表4-10。

表4-10 鱼的加工成型标准

成品名称	用料及部位	加工成型规格	适用范围
鱼丝	草鱼、鳜鱼、乌鱼净肉	长6厘米、粗0.4厘米×0.4厘米	熘、烩、煮
	……	……	……
鱼片	草鱼、鳜鱼、乌鱼净肉	长6厘米、宽4.5厘米、厚0.4厘米	炒、熘、烩、煮
	……	……	……
鱼条	草鱼、鳜鱼、乌鱼、鲑鱼净肉	长6厘米、粗1.2厘米×1.2厘米	蒸、炸
……			

二、配份过程控制

原料耗用定量一旦确定，就必须制定菜品原料耗用配量定额计算表，并认真执行，严禁出现用量不足或过量或以次充好等情况。配份过程的控制是食品成本控制的核心,也是保证成品质量的重要环节。

(一) 配份过程控制要点

(1) 在配份中应执行规格标准,使用称量、计数和计量等控制工具。通常的做法是每配两份到三份称量一次,如果配制的分量是合格的可接着配,然而当发觉配量不准,那么后续每份都要称量,直至确信合格了为止。

(2) 凭单配发。配菜厨师只有接到餐厅客人的订单,或者规定的有关正式通知单才可配制,保证配制的每份菜肴都有凭据。

(3) 杜绝配制中的失误,如重复、遗漏、错配等。

(二) 配份标准

1. 菜肴配份标准

菜肴配份标准,具体见表4-11。

表4-11 菜肴配份标准

数量单位:克

菜肴名称	分量	主料		辅料		料头		盛器规格	备注
		名称	数量	名称	数量	名称	数量		
鱼香肉丝	1例	猪肉丝	120	莴笋丝	30	姜蒜米	各8	7寸条盘	
				木耳丝	15	鱼眼葱	10		
麻婆豆腐	1例	豆腐	150	牛肉末	30	蒜苗	15	7寸条盘	
……									

2. 点心成品配份标准

点心成品配份标准,具体见表4-12。

表4-12 点心成品配份标准

数量单位:克

点心名称	分量	主料		辅料		盛器规格	备注
		名称	数量	名称	数量		
小笼包子	1个	发酵面团	30	肉馅	15	2寸圆碟	
清汤面条	1例	面条	30	菜心	10	2寸汤碗	
玻璃烧卖	1个	烧卖皮	1张	肉馅	20	2寸圆碟	
……							

3. 面团配份标准

面团配份标准,具体见表4-13。

4. 馅料配份标准

馅料配份标准,具体见表4-14。

表4-13 面团配份标准（仅供参考）

数量单位：克

名称	数量	主料		辅料		备注
		名称	数量	名称	数量	
发酵面团	500					
油酥面团	800	面粉	500克	猪油	100克	冷水200毫升
……						

表4-14 馅料配份标准（仅供参考）

数量单位：克

名称	数量	主料		辅料		料头		适用范围
		名称	数量	名称	数量	名称	数量	
豆沙馅	500	绿豆	350	白糖	130	油	20	
猪肉馅	500							
……								

5. 臊子配份标准

臊子配份标准，具体见表4-15。

表4-15 臊子配份标准（仅供参考）

数量单位：克

名称	数量	主料		辅料		料头		适用范围
		名称	数量	名称	数量	名称	数量	
红烧牛肉	500							
猪肉脆臊	500	猪肉	450	红糖	15	料酒、盐、味精、胡椒粉	适量	
				香葱	两根			
……								

三、烹调过程控制

菜品的烹饪，一方面影响菜品质量，另一方面也与成本控制密切相关。

（1）调味品的用量。在烹饪过程中，要严格执行调味品的成本规格，这不仅会使菜品质量较稳定，也可以使成本精确。

（2）菜品质量及其废品率。严格按照操作规程进行操作，掌握好烹饪时间及温度。每位厨师努力提高烹饪技术和创新能力，合理投料，力求不出或少出废品，有效地控制烹饪过程中的菜品成本。

（一）加强监控

从烹调厨师的操作规范、制作数量、出菜速度、剩余食品等几个方面加强监控，具体见表4-16。

表4-16 烹调过程的控制

序号	类别	具体内容
1	操作规范	必须督导炉灶厨师严格按操作规范工作，任何图方便的违规做法和影响菜肴质量的做法都应立即加以制止
2	制作数量	应严格控制每次烹调的生产量，这是保证菜肴质量的基本条件，少量多次的烹制应成为烹调制作的座右铭
3	出菜速度	在开餐时要对出菜的速度、出品菜肴的温度、装量规格保持经常性的督导，阻止一切不合格的菜肴出品
4	剩余食品	剩余食品在经营中被看作是一种浪费，即使被搭配到其他菜肴中，或制成另一种菜

（二）浆、糊调制规格标准

1. 制糊规格

制糊规格，具体见表4-17。

表4-17 制糊规格表

品名 \ 用料用量	鸡蛋	鸡蛋清	干细淀粉	精炼菜油	备注
全蛋糊	1个		50克		
蛋清糊		1个	40克		
……					

2. 制浆规格

制浆规格，具体见表4-18。

表4-18 制浆规格表

品名 \ 用料用量	鸡蛋	鸡蛋清	干细淀粉	精炼菜油	备注
全蛋浆	1个		40克		
蛋清浆		1个	30克		
……					

（三）热菜主要调味汁规格

1. 麻辣味汁

麻辣味汁规格，具体见表4-19。

表4-19 麻辣味汁（配制20份菜）

调味品名	数量	备注
红油海椒	30克	（1）红油海椒30克可以用红油100克代替 （2）所有调料配好之后加开水750克（或鲜汤）调制
花椒粉	20克	
红酱油	30克	
精盐	30克	
味精	20克	
白糖	30克	
料酒	50克	
姜末	20克	
香油	20克	

2. 糖醋味汁

糖醋味汁规格，具体见表4-20。

表4-20 糖醋味汁（配制15份菜）

调味品名	数量	备注
醋	150克	（1）将调料加清水250克在锅中熬化后淋入香油即成 （2）糖醋汁在锅中熬制时一定要有浓稠感为佳
酱油	10克	
精盐	8克	
白糖	250克	
色拉油	50克	
姜末	10克	
蒜米	20克	
香油	50克	

3. 茄汁味汁

茄汁味规格，具体见表4-21。

表4-21 茄汁味（配制20份菜）

调味品名	数量	备注
精盐	15克	（1）将色拉油入锅烧热后下蒜泥及番茄酱炒香，再加入清水500克及以上调料炒匀即成 （2）炒制时不能勾芡，要以茄汁自芡为主
醋	50克	
白糖	300克	
姜末	10克	
番茄酱	200克	
色拉油	200克	
蒜泥	30克	

（四）冷菜主要调味汁规格

冷菜主要调味汁规格，具体见表4-22。

1. 鱼香味汁

表4-22　鱼香味汁（配制15份菜）

调味品名	数量	备注
精盐	15克	（1）将调料拌和均匀再加入白煮的凉菜中，如熟鸡片、肚片、毛肚、白肉丝等 （2）鱼香味型咸鲜、酸辣、回甜、并要重点突出姜葱味
酱油	50克	
醋	30克	
白糖	20克	
泡红辣椒末	50克	
姜米	50克	
蒜米	50克	
葱白	50克	
红油	100克	
味精	30克	
芝麻油	50克	

2. 糖醋味汁

糖醋味汁规格，具体见表4-23。

表4-23　糖醋味汁（配制15份菜）

调味品名	数量	备注
精盐	8克	（1）将调料加清水250克在锅中熬化后淋入香油即成 （2）糖醋汁在锅中熬制时一定要有浓稠感为佳
酱油	10克	
醋	150克	
白糖	250克	
姜米	10克	
蒜米	20克	
色拉油	50克	
香油	50克	

> **成本控制小结：**
> 通过本节学习，你学到哪些有用的控制成本方法？
> 你所在的餐饮企业，在菜品生产过程中采取了什么控制成本的措施？

第三节 开发新菜品降成本

餐饮企业开发新菜品，可以有效利用原有菜品没有利用而浪费的原料，也可以是对菜品装盘、名称等创新，总之，就是用最少的料做出最多成品。

案例1

大多数餐饮企业经常会买些海虾来包虾仁儿，包出虾仁后对于虾头认为上面没有什么肉而将其弃之不用。其实虾头中含有丰富的营养，并且做法多样。比如用其炸制椒盐虾头，或者制作海鲜酱油，或者是做成虾头炖豆腐，做法简单，味道独特，红红的虾油配上滑嫩的豆腐，回味悠长，绝对堪称是一道废物利用做出的美味了。

案例2

随着猪肉价格节节攀升，许多餐饮连锁企业为了缓解涨价带来的压力，不仅悄然上调了菜品价格，还削减猪肉菜品。

餐饮企业采取删减猪肉菜品降低成本，开发新菜品也就成为了中餐企业缩减成本的手段之一，许多企业都开始大力推出新菜，而新菜品多以海鲜、鸡鸭类为主原料。

一、基本原则

菜点开发与创新的基本原则，具体见表4-24。

表4-24 菜点开发与创新的基本原则

序号	原则	具体内容	备注
1	食用为首	创新菜首先应具有食用的特性，只有使顾客感到好吃，有食用价值，而且感到越吃越想吃的菜，才会有生命力	
2	注重营养	创新菜必须是卫生的、有营养的，行政总厨在设计创新菜品时，应充分利用营养配餐的原则，把设计创新成功的健康菜品作为吸引顾客的手段	
3	关注市场	准确分析、预测未来饮食潮流，做好开发工作，时刻研究消费者的价值观念、消费观念的变化趋势，去设计、创造、引导消费	
4	适应大众	坚持以大众化原料为基础，创新菜的推广，要立足于一些易取原料，要价廉物美，广大老百姓才能够接受	
5	易于操作	烹制应简易，尽量减少工时耗费，从管理的角度来看，过于繁复的工序也不适应现代经营的需要，费工费时做不出来，满足不了顾客时效性的要求	
6	反对浮躁	要遵循烹饪规律、烹调原理，主次必须明确，不要把功夫和精力放在装潢和包装上	
7	引导消费	尽量降低成本，减少不必要的浪费，就可以提高经济效益，既要考虑生产，又要考虑消费，对企业、顾客都有益	
8	质量稳定	所用的菜具是否标准；采购的原料是否保持一致；制作的流程是否规定化；出品的时间是否严格控制；同一菜品的出品在色泽、味道上是否统一；盛器的使用是否严格如一	

相关链接

开发创造菜品卖点以提高利润

开发创造菜品卖点是开发新菜品的一种方式，菜品创新不仅仅指的是菜品本身，也可以是菜品的装饰、名称等。

（一）有效利用原料

尽可能地用一种原料开发出多个品种菜品。通常情况下，100道菜品用100种主料，进行适当开发后，100种菜品采用80种原料，可以节省原料品种占用量，从而节约成本。

餐饮企业购买的整块原料，如肉、鱼和家禽，经过加工、切配后，原料分为几个档次，有的部位不能利用只能扔掉，有的可另作处理，有的可作次级食材，有的原料如鸡、兔等平时用整只做一道菜，如果肢解多个部位做不同菜品，就可以增加菜品品种，提高利润。

（二）菜品精细化

用简单的原料做出不简单的菜品，在不增加原料成本的前提下增加利润。粗粮精工细作，用精致的器皿盛置，卖相很好，原料成本低，卖价却不低。

（三）主料替换

可以将价格相对较高的主料用其他价格相对便宜的辅料替换，既丰富了菜品营养，还降低成本。尽量少用整只鸡、整条鱼来做菜，可加入新鲜的蔬菜、蘑菇等低价主料用量。

（四）使用药材

药材入菜，是最近比较流行的烹饪方法，"药膳"出现在很多餐厅，"食疗"也开始大受欢迎。把药材当原料加入菜品中，既让菜品有了药用价值，迎合了顾客需求，也会因为小投入获得大回报。

（五）改造老菜

把过去已有的菜品，结合饮食需求，进行改造翻新是一种创新的办法。如传统菜回锅肉，可以将盐菜、侧耳根、泡酸菜、油炸的锅盔、年糕、豆腐干等作为辅料加入炒制，不仅花样翻新，品味也大不一样。

（六）注重装饰

巧妙借用其他菜品的一些特点，运用到新菜中来，或采用创新器皿，使菜品更上档次。一般都用碟、盘、碗来盛装菜品，根据菜品的文化内涵的需要，采用鱼装船、虾装篓、果装篮、鸡装笆、饭装竹、丁装瓦、点心装叶片等，给人一种新奇感，使菜品更具有文化品位。

二、开发步骤

新菜品的开发步骤,具体如图4-1所示。

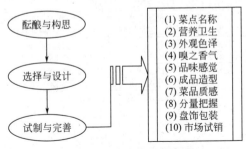

图4-1　新菜品的开发步骤

(一)酝酿与构思

所有的新菜品的产生都是通过酝酿与构想创意而开始的,新创意主要来源于广大顾客需求和烹饪技术的不断积累。

(二)选择与设计

在选择与设计创新菜点时,首先考虑的是选择什么样的突破口。如设计一道新点心,其需要考虑的问题如下。

(1)原料要求如何?

(2)准备调制什么味型?

(3)使用什么烹调方法?

(4)运用什么面团品种?

(5)配置何种馅心?

(6)造型的风格特色怎样?

(7)器具、装盘有哪些要求等。

为了便于资料归档,行政总厨要提供详细的创新菜点备案资料。

(三)试制与完善

试制与完善具体内容,见表4-25。

三、建立创新机制模式

(一)指标模式

行政总厨把菜品创新的总任务分解成若干的小指标,分配给每个分厨房或班组,分厨房或班组再把指标分配给每个厨师,规定在一定时间内完成菜品的创新

表4-25 试制与完善

序号	类别	说明
1	菜点名称	菜名既能反映菜品特点，又具有某种意义，创新菜点命名的总体要求是：名实相符、便于记忆、启发联想、促进传播
2	营养卫生	做到食物原料之间的搭配合理，菜点的营养构成比例要合理，在加工和成菜中始终要保持清洁程度，包括原料处理是否干净，盛菜器皿、菜点是否卫生等
3	外观色泽	菜点色泽是否悦目、和谐，是菜点成功与否的重要一项指标，外观色泽是指创新菜点显示的颜色和光泽，它可包括自然、配色、汤色、原料色等
4	嗅之香气	创新菜点对香气的要求不能忽视，嗅觉所感受的气味，会影响顾客的饮食心理和食欲，因此，嗅之香气是辨别食物、认识食物主观条件
5	品味感觉	味感是指菜点所显示的滋味，包括菜点原料味、芡汁味、佐汁味等，它是评判菜点最重要的一项，味道的好坏，是顾客评价创新菜点的最重要的标准
6	成品造型	菜点的造型要求形象优美自然，选料讲究，主辅料配比合理，特殊装饰品要与菜品协调一致，并符合卫生要求，装饰时生、熟要分开，其汁水不能影响主菜
7	菜品质感	从食品原料加工、熟制等全过程中精心安排、合理操作，并要具备一定的制作技艺，才能达到预期的目的和要求
8	分量把握	菜点制成后，看一看菜点原料构成的数量，包括菜点主配料的搭配比例与数量、料头与芡汁的多寡等，原料过多，整个盘面臃肿、不清爽，原料不足，或个数较少，整个盘面干瘪，有欺骗顾客之嫌
9	盘饰包装	要对创新菜点进行必要、简单明了、恰如其分的装饰，装饰要求寓意内容优美健康、盘饰与造型协调富有美感，不能过分装饰、以副压主、本末倒置
10	市场试销	通过试销得到反馈信息，供制作者参考、分析和不断完善，赞扬固然可以增强管理者与制作者的信心，但批评更能帮助制作者克服缺点

任务。厨房菜品创新的总任务则根据餐饮企业对菜品更换更新的计划而定。

（二）激励模式

（1）晋升职级激励。把菜品创新与晋升职级联系起来，首先为每个员工建立"职业生涯"发展档案，具备一定的条件后就有晋升职级的机会。厨房员工晋升职级的重要条件之一是要有创新菜品，数量越多，晋升的机会就越多，工资待遇也就越高。

（2）成果奖励激励。直接把厨师的创新菜品作为科技成果，获得使用后，就给予菜品创新人一定的奖励，奖励一般可以分为两部分。

一是只要符合创新菜条件的菜品，并在餐饮企业推出销售，就一次性给予数量不等的奖励，作为企业购买科技成果给予员工的补偿；二是对于一些销售效果特别突出，甚至为餐饮企业创造了巨大的经济效益，并赢得了较好的社会效益的菜品，根据该菜品创造的营业额给予一定的提成奖励。

（3）公派学习、旅游激励。把厨师创新菜的成果与各种额外的福利项目联系起来，如对于那些创新菜成果突出的厨师，除了给予一定的奖励外，还优先安排公费到外地学习，参加各种类型的培训班，以提高厨师创新的积极性。

> **成本控制小结：**
> 通过本节学习，你学到哪些有用的控制成本方法？
> 你所在的餐饮企业，是怎样进行菜品开发与创新的？

第五章　餐饮食品生产后成本控制

第一节　销售成本控制

无论顾客量多少，许多成本都是没有多大变化的，如租金、人工成本、电费等，增大销售就是降低成本，因此在销售环节同样可以进行成本控制。

一、突出经营特色以减少成本支出

依靠别致的环境和口味吸引顾客，用常变常新的菜品来吸引顾客。从成本控制上考虑，如果要采取多种经营，成本上就会很铺张，管理也会增加很大难度。

二、从销售角度调整成本控制

体现餐厅特色，由服务员推荐及老板亲自推荐来进行宣传、推荐新的菜品，餐厅有剩余原料推广介绍力度要更大一些，如没有效果，就内部消耗掉，同时要寻找原因，口味问题还是外界原因，是口味问题考虑更换菜单。

相关链接

针对不同客人推销菜品

一、按年龄销售

（一）儿童

现在很多家庭都只有一个宝宝，只有满足了孩子，全家才会皆大欢喜。作为餐饮服务员，千万不可忽视为儿童客人的服务，因为其成功的消费经历可能为餐饮服务员带来更多的潜在客人。餐饮服务员在为儿童设计和推荐菜品时，要注意以下4个方面的因素。

（1）菜肴色泽要鲜艳，质感鲜嫩易消化，口味清淡无刺激，甜酸适宜。

（2）菜品属营养丰富、易消化的滋补类。

（3）原料的形状要小，便于儿童食用，且刀工精细。

（4）菜肴的烹调方法尽量以使用爆炒、汤爆、软熘、清炖、水煮、清炸、蜜汁、挂霜等方法为宜。

为儿童推荐的菜式，比如"韭黄炒鱼子"、"绿豆芽炒鱿鱼丝"、"胡萝卜西红柿鸡蛋汤"、"虾仁扒大白菜"、"鱼片菠菜汤"、"黄瓜炒鸡肝"、"萝卜瘦肉汤"、"蔬白炒虾米"、"大骨炖萝卜",均可助消化、补脑益智,而且营养丰富,有利于儿童的生长发育。

（二）青年

青年消费者的特征是,身体处于最佳生长时期,身体健壮、精力充沛、追求时尚,喜欢创新的前卫菜式。餐饮服务员在为青年消费者设计菜品时,可就以下3个方面着手进行。

（1）体现西方饮食文化的时尚潮流菜式,备受青年白领的喜爱。

（2）年轻人追求的是吃得"酷",奇特食材,如昆虫、花类、海水蔬菜、山野菜、绿色环保蔬菜,也备受年轻人的喜爱。

（3）菜品要天天出新,以便满足年轻人求新、求异、求时尚的需求。

适宜为青年人推荐的菜式包括"油炸蚕蛹"、"核桃全蝎"、"野生菌汤"、"川味菜水煮鱼"等。

（三）中老年人

生活节奏的加快、日常营养的丰富,使许多中年人身体器官提前老化,很多中老年人大腹便便。餐饮服务员在为这部分客人设计和推荐菜单时要注意以下事项。

（1）多选一些富含优质蛋白的鱼类,多补钙。

（2）多食新鲜蔬菜和豆制品,减少热能的源头——脂肪、糖类,多推荐低脂的蛋白质的菜品。

（3）菜肴的烹调方法为炖、清蒸、煨制等,这样有利于补充体内缺少的营养素,排出体内多余的垃圾。

适于为中老年人推荐的菜式包括:滋补类菜式,如"鲫鱼炖豆腐"、"肉丝炒时蔬"、"盐水排骨"、"白萝卜炖肉"等;降脂排毒的菜式,如"黑木耳炒白菜"、"清炒丝瓜"、"黄花菜炒肉丝";家常的菜式,如"韭菜炒肉丝"、"清炒蕨菜"、"苦菜烧肉片"、"魔芋豆腐"、"香椿炒竹笋"等。

二、按性别销售

（一）女士注重养颜美容

爱美女士最担心的是容颜的衰老,尤其是在商界打拼的白领女士,所以,餐饮服务员在为此类客人推荐菜品时,应多考虑防止脸部皮肤老化、滋润皮肤的食材组成的菜品,如"草菇炒笋片"、"红烧皮丝"、"大葱烧蹄筋"、"排骨墨鱼煲"、"银耳鸽蛋汤"等。

另外,餐饮服务员平时自己就应对此类食材多加了解和掌握,以便在点菜时能运用自如。有助于女士皮肤的滋补、除皱,调解血液的酸碱度,防止分泌过多的油脂的食材包括如下10类。

（1）牛奶。牛奶能改善细胞活性,增强皮肤弹性、张力,除去小皱纹,延缓皮肤衰老。

（2）肉皮。肉皮中含有丰富的胶原蛋白，能使细胞变得丰满，增加皮肤弹性，减少皱纹。

（3）海带。海带中含有丰富的矿物质钙、磷、铁及多种维生素，其中维生素B1、维生素B2含量丰富，常吃可调解血液中酸碱度，防止皮肤分泌过多的油脂。

（4）西兰花。西兰花富含维生素A、维生素C和胡萝卜素，能保持皮肤的弹性和抗损能力。

（5）三文鱼。三文鱼所含的脂肪酸有一种特殊的生物活性物质，这种物质能消除破坏皮肤胶原的保湿因子，防止皮肤粗糙和皱纹的产生。

（6）胡萝卜。胡萝卜富含胡萝卜素，能维持皮肤细胞的正常功能，保持皮肤润泽和细嫩。

（7）大豆。一般指黄豆，其中富含维生素E，能破坏自由基的化学活性，可抑制皮肤衰老，防止黑斑的出现。

（8）猕猴桃。猕猴桃富含维生素C，可干扰黑色素生成，有助于消除皮肤上的雀斑。

（9）西红柿。西红柿含有大量的维生素C和茄红素，有助于展平面部的皱纹，令肌肤光亮细嫩，常吃西红柿，能增强肌肤抗晒能力。

（10）蜂蜜。蜂蜜中含有大量氨基酸且易被人体吸收，含有多种维生素和糖，常食蜂蜜能使肌肤滑嫩、红润、有光泽。

（二）男士注重壮阳补肾

随着经济的不断发展、商业应酬往来的频繁，很多男士多在饮食上注重补肾疗痿、固精防遗、壮阳强身，保持头脑敏锐，以保自己在生意场上谈吐自如。所以，对于男性客人，餐饮服务员要根据所在餐厅的食材，为客人推荐壮阳补肾的菜品。如补肾疗痿的菜式，如"杜仲炒腰花"、"枸杞子汁烩排骨"、"韭菜炒羊肝"、"虫草炖黄雀"、"红烧牛鞭"等；壮阳强身的菜肴，如"红烧海参"、"麻油腰花"、"红烧羊肉"、"爆炒鳝鱼片"、"椒盐泥鳅"等。

三、按体质销售

（一）体质虚弱者

通常，体质虚弱的客人一般胃的消化能力较差，餐饮服务员最好能为其提供一些好消化、易吸收、暖胃的菜品，如"清蒸鲈鱼"等。适宜用的食材有鹅肉、牛奶、蜂蜜、芝麻酱、银耳、核桃仁等，千万不能推荐冰爽刺身生吃之类的菜式。

（二）糖尿病人

糖尿病是因体内胰岛素不足而引起糖、脂肪及蛋白质代谢紊乱所致，表现出人体消瘦、多食、多饮、多尿。由于此病为燥热阴虚、津液不足，故当为此类客人选择以滋阴清热、补肾益精、少糖、低热能、多优质蛋白和富含无机盐及维生素的菜肴，以补充营养，减少胰岛素分泌的负担，如"山药莲子大枣炖羊肚"。

另外，新鲜蔬菜，如南瓜、冬瓜、豇豆、芹菜和猪脑、木耳、蘑菇类食材组合的菜式也比较适宜，如"蛋黄焗南瓜"、"家常南瓜片"、"瘦肉冬瓜汤"、各类野生菌汤、"蘑菇扒芥蓝"、"鸡蛋煎猪脑"等。

（三）"三高"客人

"三高"是指高血压、高血脂、高胆固醇的人群，这是典型的老年病症，餐饮服务员可为他们选择诸如"葱烧海参"、"海蜇皮拌黄瓜"、"香醋拌木耳"、"煲海参粥"、"煲莲子粥"之类的菜品。

对于此类客人，餐饮服务员在为其推荐菜品时，应注意以下4个方面。

（1）食材和菜肴应以疏通血管、稀释和降低血脂、降低胆固醇为目的。

（2）要选择适宜的食材，如燕麦、荞麦、麦麸、小麦、玉米、薏米、高粱米、绿豆等富含植物蛋白和粗纤维的杂粮。

（3）选择新鲜蔬菜，如油菜、芹菜、苦瓜、黄瓜、茼蒿、芋头、土豆、红薯、西红柿等；海鲜品应选择海参、海带、海蜇、海藻类；干果类应选择菱角、花生、莲子、向日葵；适宜的水果包括山楂、柿子、香蕉、西瓜、桃子等；此外，鸭蛋、黑木耳、黑芝麻等也比较适宜推荐。

（4）菜式要少盐，口味清淡，油脂少，便于消化吸收，利于降低血压、血脂和胆固醇。

三、增加顾客人数

产品和服务有一个普遍接受的市价。通过异质产品提供，营造顾客对餐厅的忠诚感，可达到增加就餐人数的目的。要有计划性地将本餐厅的产品和服务与竞争对手相区别。顾客在不同的场合对服务有不同的要求。

顾客人数增加，相同场地、相同人力成本，可以更加有效利用餐厅的各种资源。在这里，可能由于顾客增加，会出现大量等位现象，因此必须处理好等位，免得顾客流失。

可以及时为顾客提供良好服务，使等位变成一种享受，不仅留住顾客，还让等位服务成为了餐厅的"招牌"。

（1）专设等候区。如果每天都有等位的餐厅，可以专设等候区，放置一些舒适，小巧的沙发、椅子、放置几个烟灰缸。有条件的，可以再附设一个小酒吧，既便于顾客聊天，又可提供开胃酒、饮料，增加餐厅的收入。

展示新菜品，提供当天的报纸及餐厅自办的报纸借顾客阅读，设置定期更换的宣传栏，公布顾客来信，张贴优秀员工的照片和事迹，发布促销活动通知等。

（2）兼职"等位服务"。派一名员工与等待的顾客接触，使顾客明白餐厅知道他在等待。由领位员发号，按先后到达的顺序排号就餐。

（3）采用关怀服务。冬天送热饮，夏天送冷饮，为老人搬椅子，为小孩提供玩具，并尽所能安排其就餐。

（4）提前开始服务。为等候的顾客送上菜单，先点菜，待其座位一定，该餐单即可传出，缩短了顾客在餐桌等待的时间。

当然，要从根本上减少顾客等位情况，需要尽量缩短后厨加工菜品的时间，提高服务人员的工作效率。

四、增大销售及顾客购买力

（一）菜单编制

菜单编制要利于影响顾客购买餐厅最想售出的菜品。
（1）确定分类菜品在菜单中的位置。
（2）从单一菜品贡献差额率角度考虑到编排位置。
（3）确定菜品的名称要使用描述语言，但不宜过于夸张。
（4）用配以图片的方式影响顾客的购买行为。

> **特别提示**
>
> 图片影响消费的作用较大，配图比例不当，可能造成经营管理者不愿得到的结果。

（二）推销技巧

服务员把菜品和饮品的信息传递给顾客，引起兴趣、激发购买欲望、促成购买行为，必须使用正确的销售技术，不能盲目"促销"。

（1）服务者的自我销售。良好的仪表、正确的站姿、自信的神态等。
（2）准确预计顾客的需求再进行销售。熟悉菜品是餐饮推销的前提，服务员要熟悉菜单上的每个菜品，熟悉各菜品的主料、配料、烹调方法和味道，菜品的介绍要能调动顾客的购买动机。
（3）为顾客介绍菜品时要有针对性，时刻为顾客着想。服务员应了解顾客的用餐目的，面对不同的客人、不同的用餐形式、不同的消费水准，进行有针对性地推销，如对家宴要注重老人和孩子们的选择，对情侣则一般要侧重于女士的选择。

案例

几位职业女性来某餐厅就餐，她们选了一道招牌菜"糖醋瓦块鱼"。服务员将菜端上来，有位女士一尝就提出"味不对"，要求退菜。当时服务员还纳闷，这道菜卖得很好，按理说，质量、口味应该都没有问题，这不是"无理取闹"

吗？于是回应道"不能退"，双方僵持不下。后来，该桌的餐饮服务员小然微笑着向客人请教退菜原因，一问才明白，这几位女士全是江南女子，这道菜醋味太浓，她们接受不了，觉得甜味略大一些就可以了。原来问题出在这里，小然马上意识到自己在点菜时，没有将菜的口味及调料的产地告诉客人，因为同样是醋，江南的醋和北方的醋浓度不同，糖醋口味中糖和醋的比例也不相同。小然很感激这桌客人，让她不交学费就又学会了一种点菜技巧。后来，小然把这道菜算到自己头上，请示领班让厨房重新做了一道，这样的处理让客人非常满意。以后，她们每次来吃饭都找小然点菜，并为小然推荐了不少客人。

小然的成功就在于出现问题时自己仔细、虚心听取客人的意见或建议，同时了解到要想适应客人的需求，口味不能永恒不变，自己要主动咨询，要尊重客人、体谅客人的饮食习惯及习俗，这样才能让客人"乘兴而来，尽兴而归"。

（4）同时兼顾餐厅利益，注意高贡献率的菜品会令客人觉得不实惠。

（5）点低贡献率的菜品，餐厅将盈利甚微。如果看到顾客在点菜时犹豫不定，服务员可适时介绍，推荐高价菜品或高利润菜品，因为价格较高的菜肴，一般都是高利润的菜肴。一般来说，高价菜品和饮料，其毛利额较高，同时这些菜品和饮料的确质量好、有特色。

（6）正确使用推销语言。服务员应具备良好的语言表达能力，要善于掌握客人的就餐心理，灵活、巧妙地使用推销语言，使客人产生良好的感受。服务用语要简洁、短小、精悍，同时又能吸引顾客，将有助于餐饮的推销。

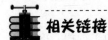 **相关链接**

赞美性销售与建议性销售

一、赞美性销售

餐饮服务员对客人消费的偏好要给予赞美和肯定，但措辞要适度，可赞美客人懂菜，赞美客人是美食家，赞美其风度和气质、品质修养，赞美其家人等。

（一）赞美客人懂菜

当客人很高兴并自信地点出自己喜爱的菜时，餐饮服务员可赞美客人有眼力。

（二）赞美客人的风度气质

遇到着装有品位、眼睛流露出自信的神态、说话有亲和力的客人，餐饮服务员要学会赞美客人是事业成功的人士，夸赞其风度气质不凡。

（三）赞美客人的品质修养

在面对销售服务中出现失误，非但不责备，而且还鼓励自己以此为鉴的客人时，要真诚地说："对不起，由于我的失误，给您带来了麻烦和不便，您不但不责备，还鼓励我继续努力，您的修养和品德令人敬仰，谢谢您的包容。"

（四）赞美客人的家人

赞美客人家人的技巧是赞美孩子的聪明、老人的慈祥、妻子的贤惠等。

（五）语言适度不能虚假吹捧

如果没等客人开口点菜，就吹捧说"一看您就是美食家"，会使客人感到"太假"而不知所措。

通过赞美，应该使客人产生愉悦和自豪感，从而对餐饮服务员的销售工作更好地给予协助和支持，以此对餐饮服务员产生更深的信赖。

二、建议性销售

建议性销售要把握好建议的销售时机，体现专业水平，把握好建议性销售的尺度。

（一）体现专业水平

当客人既要自己点菜，又有求于餐饮服务员时，餐饮服务员要展示自己的专业水平，做补充性的建议和推荐，在赢得信任的基础上选择客人最喜欢的菜品，满足其消费需求。

（二）把握好建议性的销售时机

比如，看到李经理又请了好多朋友来餐厅就餐，餐饮服务员小秦很有礼貌地问候之后诚恳地建议说："李经理，您是我们的常客，今晚介绍两道新菜给您和您的朋友，好吗？"用商量和征询的语调向客人推荐，抓住了新朋友初来就餐的时机，使客人倍感亲切。

（三）把握好客人接受建议性销售的尺度

一般消费高的客人强调的是菜品原料的质量新鲜与否，消费低的客人更喜欢仔细地询问菜的价格和菜量的多少。

当客人点了"鲍汁扣阿一鲍"或点了一瓶茅台酒（又强调必须保真时），餐饮服务员应该看明白客人请客的档次不会低，而且是高档的宴请，在组合菜品时，价格上要高、中、低档兼顾，既美味又能达到膳食平衡、营养互补。

> 成本控制小结：
> 通过本节学习，你学到哪些有用的控制成本方法？
> 你所在的餐饮企业，在销售时采取了什么控制成本的措施？

第二节　服务成本控制

一、服务不当情况

服务不当会引起菜品成本的增加，主要表现如下。

（1）服务员在填写菜单时没有重复核实顾客所点菜品，以至于上菜时顾客说没有点此菜。

（2）服务员偷吃菜品而造成数量不足，引起顾客投诉。

（3）服务员在传菜或上菜时打翻菜盘、汤盆。

（4）传菜差错，如传菜员将2号桌顾客所点菜品错上至1号桌，而1号桌顾客又没说明。

> **特别提示**
>
> 加强对服务人员职业道德教育并进行经常性业务技术培训，端正服务态度，树立良好服务意识，提高服务技能，并严格按规程为顾客服务，不出或少出差错，尽量降低菜品成本。

二、准确填写菜单

（一）常见菜肴计量单位

中餐菜肴的计量单位，因客人人数、需要菜品的分量及盛装器皿的不同而有所不同。高档名贵海珍品有的按份、有的按例。菜品不同，规格不同，分量也不同，因此计量单位各不相同。海鲜和肉类，一般用斤和两作计量单位，现在一般按国际统一计量单位千克或克来计量。

菜肴的分量除可用大、中、小例表示之外，也可用阿拉伯数字来注明，不过无论用哪种单位计量都要注明该单位盛装菜品的净样数量，以达到买卖投料量透明，便于客人监督。

（二）记入菜单码数

菜的配制按码盘数量一般分为大、中、小（例）盘。一般炒时蔬的例盘量为4～8两，即200～400克，如净炒苦瓜为200克（1例盘）；荤素搭配，如肉片炒苦瓜，则需要用肉片100～150克，苦瓜为150～200克，合计量为300克左右。

以汤菜为例，1例盘汤的分量为6碗（小碗），供2～5位客人的用量。

（三）写菜要求

（1）准备好笔和点菜夹，将带有号码的点菜单夹在点菜夹内，以备使用。

（2）填写点菜单时，对菜名的填写（如用手写）要求字迹工整、准确，自编系统代码要用大家习惯的代码。

（3）注明桌号（房间雅座）、菜名及菜的分量、规格大小，填写点菜时间和点菜员姓名及值台服务员姓名，如果是套菜，要在点菜单上注明桌数。

某餐饮企业接待了一个十桌的寿宴，接待完毕后，客人顺利地买了单。次日，寿宴客人到部门投诉，说宴席上没上鱼，并要讨个说法。经调查后，客人确实在预订时点了"黄椒蒸鲈鱼"，但在营业部下单时，因点菜员工作粗心，开漏了分单，导致厨房无单无出品，引起客人投诉。

查明原因后，经理当即向客人赔礼道歉，并再三承认了错误，征询客人意见后，将十桌"黄椒蒸鲈鱼"的费用退还给客人，部门内部对当事人进行了批评与处罚。

（4）标清楚计量单位。尤其对高档海鲜，计量单位是"两"还是"斤"，一定要向客人介绍清楚，免得在结账时会出现点菜按"斤"、结账按"两"，出现10倍的价位差，使客人无法接受。

（5）标清菜肴器皿的规格、分量。

（6）下单的去向一定要写准。冷菜、热菜、点心、水果要分单填写，分部门下单。

（7）点菜单写菜的顺序要和上菜顺序记录一致。

（8）在点菜单上一定要注明个性需求和忌讳的内容。

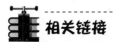

点菜前须做好准备

（一）记住推荐菜

餐厅为了满足顾客的需要，在菜肴原料的选取上、烹调方法上、菜肴口感和造型上不断地推陈出新，同时，在每一天或每一周会推出一道或几道特色菜、风味菜供顾客品尝。点菜员必须记住这些菜肴的名称、原料、味道、典故和适合的顾客群体，以便顺利地将菜品信息及时传递给顾客。

（二）记住沽清菜

沽清单是厨房在了解当天购进原料的数量缺货、积压的情况后开具的一种推销单，也是一种提示单，它告诉服务员当日的推销品种、特价菜、所缺菜品，以便服务员对当日菜式有所了解，避免服务员在当日为客人服务时遇到尴尬、难堪、指责等情况。

后厨开出当天的沽清单后，通常会与前厅负责人协调，列举当日原料情况以及最适合出品的菜肴，并介绍口味特点、营养特点、季节特点等普通服务员难于介绍的专业知识，所以，点菜员须记沽清菜，在介绍菜品时，就要相对有倾向性地介绍。当客人点到当天没有的菜品时，一般可以以"对不起，今天刚刚卖完"来回答，然后要及时为客人介绍一道口味相近的菜品，这样客人从心理上比较容易接受，也不会引起客人不满和抱怨。

（三）必须熟悉菜牌

了解所推销菜式的品质和配制方式，介绍时可作解释。在点菜过程中，客人不能决定要什么时，服务员可提供建议，最好是先建议高中等价位的菜式，再建议便宜价位的菜式，因为高中档菜的利润较高，且有一部分菜的制作工序较简单，在生意高峰期尽量少点一些加工手续比较繁琐的造型菜和加工时间较长的菜，否则这样会加大后厨的工作负担，并且由于太忙，可能会影响他的上菜速度造成客人投诉。

三、防止偷吃菜品

员工偷吃菜品，可以说是屡禁不止的现象，在许多餐饮企业都存在着，可是员工偷吃不仅不卫生，更影响餐饮企业形象，因此必须杜绝这种现象。可以实行连环制，如发现一个员工偷吃，则告诉他，如果一个月内能逮住偷吃的人，那偷吃的事就算了，如果逮不住，这个月被人偷吃的所有费用全部由他来承担，还要继续这项"工作"三个月，这样就可以有效防止员工偷吃。

案例1

小孙到一家KTV当服务员，主要负责给客人送餐。虽然KTV里卖得最多的就是辣鸭脖等小吃，并没有什么大餐，可就是这些在平常人眼中并不稀罕的食物，小孙却舍不得买，有几次，他在送餐时忍不住偷偷尝了几口。

小孙的小动作，被小周看在眼里，小周是小孙所在组的组长。小周很快将小孙的行为报告给了经理，经理狠狠地批评了小孙，并罚款100元，这件事情让小孙觉得很没面子，便辞了职。此后，小孙一直对小周"告状"之事耿耿于怀。

案例2

杨小姐和一位朋友到一家饭店吃饭，期间要了一份"酒鬼花生"和"红烧肉"，可能因为当时客人太多，她等了半个小时也没有上菜，于是她就到饭店的厨房去问问。就在那时，杨小姐看见一名服务员端着一盘"酒鬼花生"走过来，令杨小姐吃惊的是，这名服务员边走边用手拿着吃，杨小姐顺眼望去，这名服务员竟然走到了自己的桌子旁把花生放在桌子上，气愤之下她找到了饭店老板，老板随后对那名员工进行了批评，给杨小姐换了一份"酒鬼花生"并向杨小姐道了歉。

四、避免打翻菜

服务员在传菜或上菜时打翻菜，这主要是由于员工操作失误所导致的，因此要尽量避免。服务员还应掌握上菜顺序，因为上菜顺序不当可能造成失误。

（一）中餐上菜顺序

1. 热菜

上热菜时，菜盘内放置服务叉、勺，要注意将叉（勺）柄朝向主人；如果盘子很热，一定要提醒客人注意；另外，上冒气带响的菜，如三鲜锅巴、铁板里脊等之类的菜前，一定要提醒客人用餐巾或桌布稍作遮挡，以免油星溅到客人身上。

2. 汤类菜

上汤类菜肴时，要给客人分汤；如果有小孩同桌就餐，一定要将热菜（汤）远离小孩，同时提醒成年人注意。

3. 带头尾的菜

上带头尾的菜品时，应根据当地的上菜习惯摆放；上带有佐料的菜肴时，要先上配料后上菜，一次上齐，切勿遗漏；上带壳菜肴时要跟上小毛巾和洗手盅。

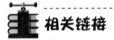
相关链接

中餐菜肴摆放要求

上菜时要注意桌面摆放的艺术效果，一般有以下5个方面的要求。

（1）造型美观，富有观赏性和艺术性，位置要适中。如果餐桌上是一盘菜，则应摆在桌子的中间位置；桌面若是两道菜，则应摆成一条直线；三个菜应摆成品字形；四个菜摆成菱形；五个菜摆成梅花形等。

（2）酒席的大拼盘、大份菜，一般要摆在桌子中间，如用转盘，要先转到主人面前。

（3）比较高档的菜、有特色的菜或每上一道新菜，要先摆到主宾的位置上，在上下一道菜后再顺势摆在其他地方，使台面始终保持美观。

（4）各种菜肴要对称摆放，讲究造型艺术。摆放时，注意不要将相同原料、相同颜色、相同形状的菜肴摆在一起。

（5）有使用长盘的热菜，盘子要横向朝着主人，同时注意"鸡不献头，鸭不献掌，鱼不献脊"的传统礼貌习惯。

（二）西餐上菜顺序

西餐上菜与中餐不同，西餐是先由厨师将菜装在一只专用的派菜盘内，由服务员分派。派菜时，应该站在客人的左边，左手托盘，右手拿叉匙分派。西餐的派菜次序是女主宾、男主宾、主人和一般客人。西餐宴会的菜点，由于标准和要求的不同，道数有多有少，花色品种也不一样。以下介绍西餐宴会十道菜点的一般上菜顺序和方法，见表5-1。

表5-1　西餐上菜顺序

顺序号	菜　名	方　　法
1	上面包、白脱	将热的小梭子面包装在小方盘内，盖上清洁的口布，另用小圆盘装上与客数相等的白脱。在开席之前5分钟左右派上白脱放在忌司盘右上角，面包放在盘子中间，口布盖住面包，白脱刀移到白脱盅上
2	上果盘	吃果盘是放刀叉的，如果客人将刀叉合并直放在盘上，就是表示不再吃了，在大多数客人这样表示后，就可以开始收盘，收盘应用小方盘，左手托盘，右手收盘，在客人的左边进行，第一只盘放在托盘的外面一点，刀叉集中放在托盘的一头，留出近身的地方叠放其余的盘子，将余菜都集中在第一只盘内，菜盘容易叠平多收，重心较易掌握，不致滑下碎
3	上汤	清汤的盛器是带有二耳的清汤杯，浓汤用汤盆；夏季多用冷清汤，须将清汤冰得很冷；清汤杯除已有清汤杯的底盘外，还应再垫上点心盘作垫盘，将清汤匙放在汤杯底盘内；浓汤须用热盆来盛，可以保持汤的味美，上汤要垫上底盘，手应握着底盘边，手指不可触及汤汁
4	上鱼	鱼有多种，烹调方法也不相同，有些鱼菜要有沙司，如炸鱼要带鞑靼沙司，分盘的鱼应带的沙司已放在盘内，不必另派
5	上副菜	副菜一般称为小盘，具有量轻、容易消化的特点，如红烩、白烩、烩面条、各种蛋和伏罗王等，吃副菜用鱼盘和中刀叉
6	上主菜	主菜又称大盘，跟有几色蔬菜和卤汁，在派好大盘后，将蔬菜和卤汁紧紧跟上，此外，还带有色拉（即生菜） 盛主菜应用大菜盘，盛色拉应用半月形的生菜专用盘（如果没有生菜盘，可用忌司盘代替），放在菜盘前面，主菜上去时蔬菜和卤汁应紧紧跟上，生菜盘也跟着递上，紧靠在主菜盘的前面
7	上点心	点心的品种很多，吃点心用的餐具也不同，如吃热的点心，一般用点心匙和中叉，吃烩水果一类的应摆上茶匙，吃冰淇淋应将专用的冰淇淋匙放在底盘内同时端上去
8	上奶酪	奶酪又叫忌司，一般由服务员来派，先用一只银盘垫上口布，摆几种干酪和一副中刀叉，另一盘摆上一些面包或苏打饼干，送到客人左手，任客人自己挑选 吃完干酪，应收去台上所有餐具和酒杯，只留一只水杯（如来不及收，酒杯可暂时不收），并刷清台面上的面包屑等
9	上水果	先放上水果盘、水果刀叉和净手盅，将事先装好的果盘端上去派，有的将水果盘作为点缀物事先摆上台子，待上水果时仅摆上忌司盘、净手盅和水果刀叉即可
10	上咖啡	一般早餐用大杯，午餐用中杯，晚餐用小杯，晚餐宴会也用小杯 在客人吃水果时，就可以将小咖啡杯一套（杯和垫盘）放在水果后面 派咖啡用的盘会垫上口布，装上咖啡壶、牛奶盅、糖盆和糖钳等 斟咖啡前，应先放糖，放多少要征求客人意见，不可任意自放，个别喜欢喝清咖啡的，就不要放糖，也不要放牛奶，斟好咖啡后，收下水果盘和洗手盅，将咖啡杯移到客人的面前

五、尽量减少传菜差错

传菜部是承接楼面与厨房、明档、出品部之间的一个重要环节，起到传菜、传递信息的用途，是餐饮企业不可缺少的环节，因此，要做好对传菜人员的培训，从而控制成本。

案例

某餐饮企业传菜部的每位传菜员都配有一枚印有专属编号的图章，当客人点餐完毕，传菜员将菜品传送到位时，要在台卡的相应菜品的后面盖上自己的图章，这些图章的数量，就作为绩效管理的考核点，每传一道菜品，可以得到一毛钱的绩效工资。自从该饭店采用"计点式"的绩效管理办法以来，传菜员的工作积极性得到了很大的提高。以前传菜员是推着传菜，现在传菜员是争着传菜，整个部门的工作效率和传菜员的个人效益都得到了很大的提高。原先，在实行浮动工资的时候，大家基本上拿的工资也都相差不大，现在干得好的传菜员，每月能多拿100～200元的工资，员工开心，企业也高兴。

（一）传菜员岗位职责

（1）按餐厅规定着装，守时、快捷服务。

（2）开餐前搞好区域卫生，做好餐前准备。

（3）保证对号上菜，熟知餐厅菜品的特色及制作原理和配料搭配。

（4）熟记餐厅房间号、台号，负责点菜单的传菜准确无误，按上菜程序准确、迅速送到服务员手里。

案例

某餐饮企业部门二、三楼分别接待了两个规模及标准较高的婚宴，因当时人手紧张，部门申请了从大厦各部门调配人手，各部人员到位后，都集中安排至备餐间进行传菜工作。在传菜过程中，一名传菜员因没听清楚传菜要求，将二楼的"水煮鱼"传送至三楼，导致三楼多上一道菜，后经部门经理发现，及时采取了补救措施，但因二楼菜式在时间上耽搁而导致菜上得慢，最后客人还是有意见。

（5）传菜过程中，轻、快、稳，不与客人争道，做到礼字当先、请字不断，做到六不端，即温度不够不端、卫生不够不端、数量不够不端、形状不对不端、颜色不对不端、配料不对不端，严把菜品质量关。

（6）餐前准备好调料、作料及传菜工具，主动配合厨房做好出菜前准备。

（7）天冷备好菜盖，随时使用。

（8）负责餐中前后台协调，及时通知前台服务人员菜品变更情况，做好厨房与前厅的联系、沟通及传递工作。

（9）安全使用传菜间物品工具，及时使用垃圾车协助前台人员撤掉脏餐具、剩余食品，做到分类摆放，注意轻拿轻放，避免破损。

（10）做好收市，垃圾按桌倒，空酒瓶摆放整齐。

（11）传菜员在传菜领班的直接指挥下开展工作，完成传递菜肴的服务工作，对领班的工作安排必须遵循"先服从后讨论"的原则。

（12）传菜员要按照规格水准，做好开餐前的准备工作。

（13）确保所有转菜所用的餐具、器皿的清洁、卫生、明亮、无缺口。

（14）在工作中保持高度全员促销意识，抓住机会向顾客推荐餐厅的各项服务及各种优惠政策，提高顾客在餐厅的消费欲望。

（15）当顾客要求的服务项目无法满足时，及时向顾客推荐补偿性服务项目。

（16）在工作中发现餐厅有不完善制度或须改进的服务，必须反馈直到问题解决为止。

（二）传菜员主要工作操作程序

1. 优先服务程序

（1）客人要求先上的菜。

（2）预定好的菜单先上冷盘。

（3）保持菜肴温度。从厨房取出的菜一律加上盘盖，到顾客桌上再取下。

2. 传菜操作程序

传菜操作程序，具体见表5-2。

表5-2　传菜操作程序

序号	时间段	操作程序
1	开餐前	（1）检查传菜间卫生，整理好各种用具，保证开餐使用方便 （2）准备好开餐前各种菜式的配料及走菜用具，并主动配合厨师出菜前的工作
2	开餐时	（1）开餐时按要求站立，有次序地出菜 （2）厨房出菜时，应马上给该菜配上合适的配料，并告诉领班划单 （3）出菜必须用托盘 （4）出菜时须将菜送到所属的餐台边，由服务员端上台，并等服务员将菜拿起，菜盖放回托盘，才能离开 （5）接到菜单时，根据不同菜式，准备配料和用具；当厨房通知估清菜时，应及时通知看台员工或领班，取消或更改菜单

3. 清理传菜间

（1）将用过的餐具全部清洗入柜。

（2）整理各种酱料、调料。

（3）将所有设备、柜子擦拭一遍。

4. 检查

仔细检查物品是否整齐归位摆放。

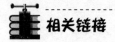
相关链接

传菜员效率和服务态度要求

（一）效率

（1）点完菜后，第一道菜上桌要在15分钟之内。

（2）传菜员传出菜后必须在1分钟之内返回传菜部。

（二）服务态度

（1）在工作中必须遵循服从的原则，如有疑问在班余时间向上一级管理人员反映或投诉，不得在当班时间影响工作。

（2）工作中必须面带微笑，微笑要求自然、得体、发自内心，使客人感到宾至如归、温馨和谐、轻松愉快。

（3）礼貌待客，迎宾有问候声、说话有称呼声、离别客人有致辞及谢声、工作出现差错要有致谦声。

（4）如遇顾客查询应尽力给予顾客满意答复，如有疑难要请顾客稍等，查明情况后，立即答复客人，实在无法答复的应告知顾客与有关部门、人员联系，并给予电话号码。

（5）在传菜途中如遇客人，应向顾客问好，并让路先让客人走，如菜需快上而又要超过客人需向客人道歉后方可超前。

成本控制小结：

通过本节学习，你学到哪些有用的控制成本方法？

你所在的餐饮企业，在服务时采取了什么控制成本的措施？

第三节　收款环节成本控制

一、防止跑单

（一）提前预防

餐厅里跑账的现象也时有发生，这就要求特别留意以下5种情况，以便及时防止跑账、漏账事件的发生。

（1）生客，特别是一个人就餐的客人，比较容易趁工作繁忙时，借口上厕所、餐厅里手机信号不好、到门口接人等趁机不结账溜掉。

（2）来了一桌人，但越吃人越少，也难免会有先撤下一部分，剩下一两个借机脱身的打算。

（3）对坐在餐厅门口的顾客要多留个心眼。

（4）对快要用餐完毕的客人要多留心，哪怕是顾客需要结账，也要有所准备。

（5）对于不问价钱，那样贵点哪样的顾客，一定要引起足够的重视。一般来说，公司即使是宴请重要的客人，也不可能全都点很贵的菜式，只要有一两样高档的、拿得出手的菜也就可以了，而且汤水和其他家常菜、冷盘也会占一定比

例，这也是点菜的均衡艺术，更何况公司宴请也会有一定的限额，不可能任意胡吃海喝的。

（二）发现顾客逐个离场

当你发现顾客在逐个离场时，要引起高度的重视，要做好以下工作。

（1）需要服务其他顾客时，眼睛要不时注意可疑顾客的动态，及时向主管报告，请求主管抽调人手，派专人盯着剩余的人员。

（2）如果这时顾客提出要上洗手间，要派同性的服务员护送、跟踪，如果顾客提出到餐厅外接电话，则请顾客先结账再出去。

（3）负责服务的人员和负责迎宾的服务员，要注意他们的言行和动作，发现可疑情况立刻报告，并派专人进行服务，直至顾客结账。

（4）不要轻易相信顾客留下的东西，如果有心跑单，会故意将不值钱的包像宝贝一样地抱住，目的就是吸引服务员的注意，然后将包故意放在显眼的位置，让你以为他还会回来取，从而给他留有足够的离开时间。

案例

某餐厅来了一群穿着气派的人，其中一人手里紧紧抱着一个手提包，给人一副包里的东西非常贵重、需要小心保管的样子。这些人一坐下，就急着点餐厅里高档的菜品、酒水，什么贵吃什么，什么好喝什么，豪气得令餐厅上至楼面经理，下至一般服务人员，个个以为来了一群身缠万贯的大老板，所以服务极为周到、热情。经理还逐位奉送了自己的名片和餐厅的贵宾卡，希望这些阔绰的大老板们下次多带点生意过来。

等到酒菜上齐，豪客们也酒足饭饱后，一个眼神，这些人就开始陆续撤退了。有的先行告退，有的上洗手间，有的借口室内信号不好，到外面打电话，有些又需要到外面私下商谈点事情，剩下的那个趁服务员不注意，把那只包留在显眼的位置上，并将烟、打火机也留在桌上，造成上洗手间的假象，也跑了。当服务员进来发现人都不在但那只大包还在时，也相信客人上洗手间去了，因为那么贵重的东西还在嘛。

等到餐厅都要结束营业了，那些豪客们连影子都没有，服务员才开始着急起来，向楼面经理和主管报告。当大家小心翼翼地打开那只包时，发现原来贵重的包只是用人造革做的，里面塞满了破布和旧报纸。

（三）客人没有付账即离开餐厅

一旦发生客人没有付账即离开餐厅这种情况时，注意处理技巧，既不能使餐厅蒙受损失，又不能让客人丢面子而得罪了客人，使客人下不了台。

出现客人不结账就离开餐厅这种情况时,服务员可按下述两条去做。

(1)马上追出去,并小声把情况说明,请客人补付餐费。

(2)如客人与朋友在一起,应请客人站到一边,再将情况说明,这样,可以使客人不至于在朋友面前丢面子而愿意合作。

二、结账时确认客人房间号

在为包间客人结账时,包间服务员一定要陪同客人前往收银台或包间服务员代为客人结账,否则很容易出现错误,比如弄错包间号或消费金额,给餐饮企业带来损失。

案例

又是一个周末,包厢座无虚席。到了晚上九点多钟,很多的包厢都用完餐要结账了。这时,六七个客人来到收银处买单(当时没有包厢的服务员陪同在旁边),并说自己是113包厢的客人。收银员收款时也没有做任何核对,就打印出113包厢的点菜单和账单让客人签字,收了款(现金结算),当时这个包厢的费用是1500多元。

过了半个小时左右,另外的一批客人过来结账了,收银员问他们是几号包厢的,客人说是113包厢,陪在一边的服务员也证实这批客人是113包厢的,通过核对账单及订餐人的姓名、电话,同样证明现在的这批客人才是在113包厢用餐的,结完账(同样也是现金结算)后就让客人走了。

之后通过检查,第一次来结113包厢账的那批客人实际上是在115包厢用餐的,该包厢的实际费用是2500多元,由于疏忽餐厅少收了1000多元的餐费,餐饮经理得知此事后做出了这样的处理:在追不回这1000多元的情况下由包间的服务员及收银员共同赔付。

三、采用单据控制现金收入

单据控制是餐饮企业有效控制现金的重要手段。单据控制最重要的是注意"单单相扣、环环相连"。餐饮企业的现金收入流程包括现金、餐单、物品三个方面,这三者的关系,具体如图5-1所示。

图5-1 现金、餐单、物品三者关系

通过上图可以看到,将餐饮企业的物品供客人消费,然后开出餐单,最后就收回现金,在这三者中,物品是前提,现金是核心,而餐单是关键,因此,餐饮企业要想管理和控制餐饮企业现金就须将物品传递线、餐单传递线、现金传递线协调统一起来。

四、有效监管收银人员

(一) 现场巡视

(1) 要经常在收银台周围巡查。
(2) 经常检查废纸篓的作废小票,对收银台遗留散货、杂物必须在规定时间内清理,确保机台无遗留有效商品条码、小票及其他单据等。
(3) 对收银员在收银台放计算器、带涂改液或商品条码的行为立即纠正。
(4) 每天查看后台的相关报表。
(5) 定期盘点其营业款和备用金,并认真登记每次的盘点情况。
(6) 监督收银员不得带私人钱钞进入收银工作区。

(二) 备用金核查

(1) 询问收银员备用金是否清点准确→清点备用金→填写《备用金情况抽查表》→请收银员签名确认。
(2) 每天有选择地对备用金进行核查,收银员应积极配合。
(3) 应填写《备用金情况抽查表》,并由收银员签字确认。
(4) 核查备用金发现异常情况时,应交由上级领导处理。

(三) 收银机出现异常情况

收银机异常情况是指因网络故障或系统异常等原因,造成所有收银机不能正常收银,需要采用手工收银的情况,这时需对下述操作进行监察。

(1) 监察收银员和抄写人员在第一单交易和最后一单交易注明收银员号和收银台号,和每一笔交易的流水号,并在收银单上签名。
(2) 监察收银机纸应整卷使用,不能拆散使用,如收银纸因故被撕断,则需在断口的上半部分和下半部分处补签名,注明收银台号、流水号。
(3) 手工收银单第一联给顾客作消费凭证,第二联留存供查账及补录入。
(4) 如顾客使用银行卡付款,收银员应在手工收银单上注明卡号及发卡银行。

五、制定收银制度

制定收银员工作管理制度,可以有效制止收银中出现问题。以下是某餐饮企业收银管理制度，仅供参考。

【范例】收银管理制度

收银管理制度

1. 工作前准备

收银员应提早到岗，搞好收款台的卫生，备好零找现金，根据物价员送来的物价通知单，调整好饭菜的价格表，并了解当日预订情况。

2. 结款要求

餐厅人员必须按标准开列账单收费，每日的结算款及营业额不得拖欠，客离账清。

3. 散客收款

（1）收银员接到服务员送来的"订菜单"，留下第一联，经核价加总后即时登记"收入登记表"以备结账。

（2）客人用餐完毕，由值班服务员通知收银员结账，收银员拿出订单加总后开具"账单"两联，由值班服务员向顾客收款，顾客交款后，服务员持"账单"和票款到收银台交款，收银员点清后在"账单"第二联加盖印章再连同找款、退款交服务员转给顾客。

（3）收银员应将"账单"第一联与"订单"第一联订在一起装入"结算凭证专用纸袋"内。

4. 团体客人收款

（1）餐厅服务员根据"团队就餐通知单"在团队就餐时开订单交收银员，收银员在订单二、三、四联上加盖戳记后给服务员，一联留存，并插入账单箱。

（2）就餐结束后值班服务员开账单（注明前厅结账），请团队领队签字后，即时将团队账单（二联）送前厅收银员代为收款，一联留存和"订单"订在一起，装入"结算凭证专用纸袋"内。

5. 宴会收款

（1）宴会及包桌酒席，一般都需要提前三个小时以上到餐厅交付预订押金或抵押支票。

（2）预定员按预定要求开具宴会订单（一式四联），并在订单上注明预收押金数额或抵押支票，然后将宴会订单和预定押金或支票一起交收银员，收银员按宴会订单核价加总后在订单上加盖戳记，一联收银员留存，二联交厨房据以备餐，三联交酒吧据以提供酒水，四联交餐厅主管转值班服务员并提供服务。

（3）宴会开始后，客人需增加酒水和饭菜，由值班服务员开具订单交收银员加盖戳记后，一联收银员留存，与宴会订单订在一起，二联交厨房据以增加饭菜或交酒吧据以领取酒水。

（4）宴会结束后，值班服务员通知客人到收款台结账，收款员按宴会订单开具发票，收取现金（注意扣除预订押金）或签发支票或签发信用卡。

（5）将发票存根和宴会订单订在一起装入"结算凭证专用袋"内。

6. 会议客人收款

（1）会议客人用餐应由负责人提前与餐饮部楼面经理商定就餐标准和结算方式。

（2）餐饮部订单处填写"会议就餐通知单"，分送厨师长和餐厅收银领班，收银员结算时按通知进行。

（3）客人提出的超标准服务要请负责人签字，开具通知单结算。

7. VIP客人就餐收款

（1）重要客人（VIP）到餐厅就餐，一般由经理级的管理人员签批"重要客人接待通知单"和"公共用餐通知单"，提前送给餐厅主管，餐厅主管接到通知后应安排接待。

（2）收银员按通知单规定开具"账单"向客人结算。收银员将"订单"、"通知单"和账单钉在一起装入"结算凭证专用纸袋"内。

8. 汇总日结

（1）收银员将当日营业收入整理清点后，填好缴款单并与领班或主管一起再次清点现金，检查票据的填写情况。

（2）确定无误后将营业款装入"专用交款袋"封包加盖两人印章，同时两人一起放入财务部设置的专用金柜，然后按"服务员收入登记表"填报"餐厅订单汇总表"，一式三份，自留一份，报餐厅经理和财务部成本核算员各一分，并填报"营业日报表"三份，送核算员、统计员各一份，自己留存一份备查。

> **成本控制小结：**
> 通过本节学习，你学到哪些有用的控制成本方法？
> 你所在的餐饮企业，在收款时采取了什么控制成本的措施？

下篇

餐饮其他成本控制

第六章　餐饮酒水成本控制

第七章　餐饮支出费用控制

第六章 餐饮酒水成本控制

第一节 酒水采购控制

餐饮企业的酒水定价直接影响到餐饮企业的经济效益,但许多餐饮企业常常忽视酒水带来的利润。酒水就像水一样,很容易流失,因此,应像控制食品成本一样做好酒水成本控制。

酒水采购控制的目的是保证餐饮企业的酒水供应并保持适量的存货,同时应以合理的价格购入酒水。

一、酒水原料采购品种

(一)根据酒单选定采购项目

不同类型餐厅有不同的酒单,酒单的内容直接与酒水的供应和采购有关。酒水类包括餐前开胃酒类、鸡尾酒类、白兰地、威士忌、金酒、朗姆酒、伏特加酒、啤酒类、葡萄酒、清凉饮料、咖啡、茶等。

(二)酒水采购注意事项

(1)保持经营所需的各种酒水及配料适当存货。
(2)保证各项饮品的品质符合要求。
(3)保证以合理的价格进货。

(三)其他因素对酒水采购的影响

(1)餐厅档次及类型。
(2)针对消费者类型。
(3)酒水消费价格。

二、酒水采购数量

(一)影响采购数量的因素

为了避免出现采购数量过多或过少而影响正常经营的情况,确定一个合理的采购数量是餐厅经营者的一项基本职责。

(1) 根据酒水销售淡旺季来确定数量。

(2) 根据现有储藏能力确定采购数量。

(3) 根据企业财务状况确定采购数量。

(4) 采购地点的远近影响采购数量

(5) 市场供求状况影响采购数量。

(6) 原料保质期影响采购数量。

以上是一系列制约因素,共同决定酒水的进货数量,当然也要考虑上期期末实地盘存数量等因素。

(二) 采购数量确定

1. 最低存货点

最低存货点的计算方法如下。

$$最低存货点 = 日需要量 \times 采购周期 \times \frac{1}{3} 或 \frac{1}{2}$$

如:某酒水采购周期为10天,10天的平均销售量20单位,如果最低存货点为采购周期销售量的$\frac{1}{2}$,则在还有10个单位库存时,就应及时进行补充采购了。

2. 最高存货量

最高存货量的计算方法如下。

$$最高存货量 = 日需要量 \times 采购周期 \times 1.5$$

3. 拼酒采购数量确定

这类品种不易变质,但并不意味着可以大批量采购,可以每两周或每月采购一次,订货数量可以根据库存需要进行变更。可以根据以下公式确定订货量。

$$下期需要量 - 现有数量 + 期末需存量 = 订货数量$$

$$期末需存量 = 日需要量 \times 送货天数$$

在确定了酒水的品种后,需根据经营的需要决定储备量,储备太多,不仅占用了空间,还会增加损耗,所以采购员应注意,科学合理储存才能将利润最大化。

三、酒水采购质量标准

要保证餐厅提供酒水的质量始终如一,就需要一个相应的质量标准。采购的主要依据可以参照国家制定的相应国家标准。

(1) 啤酒的国家标准规定:透明度应清亮透明,无明显悬浮物和沉淀物;色度要求$8 \sim 12$度,淡色啤酒为$5.0 \sim 9.5$EBC(优级);原麦汁浓度规定为(标示浓度± 0.3)度才符合要求;对$8 \sim 12$度啤酒规定总酸< 2.6ml/100ml;保质期规定熟啤≥ 120天。

(2) 葡萄酒的国家质量标准规定了葡萄酒的术语、分类、技术要求、检验规则和标志、包装、运输、储存等要求，该标准适用于以新鲜葡萄或葡萄汁为原料，经发酵酿制而成的葡萄酒。

（3）发酵酒的国家标准规定发酵酒的感官指标、理化指标和卫生指标。

（4）软饮料、碳酸饮料的国家标准规定果汁型、果味型、可乐型等不同类型汽水的一般性要求。

（5）食用酒精国家标准规定的感官要求：外观无色透明；气味具有乙醇固有的香味，无异味；口味纯净，微甜。

但是，目前我国酒类的国家质量标准与国际标准相比还是有一定的差距，如国外对葡萄酒的品质就有严格的检验标准，从洋酒标签上的质量体系和参数也能反映酒的质量。

四、酒水采购流程

（一）确定采购人员

一个合格的酒水采购人员，应符合以下条件。

（1）了解酒水要领和吧台业务。采购员虽然不是调酒师、厨师，但至少应懂得原料的用途以及品质标准要求，以确保能买到所需的原料。

（2）熟悉采购渠道。采购员应该知道什么原料在什么地方购买、哪里的品质好、哪里的货品便宜，保证有多种采购渠道，才能保证供应。采购渠道的维护，也涉及采购员的人际关系。

（3）对采购市场和酒吧市场比较了解。采购经验都是在实践中逐步累积起来的，作为采购员应多了解原料市场供应情况，以及顾客对酒水、食品的偏爱和选择。

（4）了解进价与售价的核算方法。采购员应了解酒单上每一品种的名称、售价和分量，知道酒吧近期的毛利率和理想毛利率，这样，在采购时就能知道某种原料在价格上是否可以接受，或是否可以选择代用品。

（5）要掌握一定的市场采购技巧。在采购时，采购人员的经验至关重要，有时还需具备一定的谈判技巧。

（6）熟悉原料的规格及品质。采购员应对市场上各种原料的规格和品质有一定的了解，有鉴别品种和质量的能力。

（7）具备良好的职业道德。

（二）管理员填写申购单

酒水管理员根据库存品存货情况填写申购单（见表6-1），经核准后交采购人员。申购单一式两份，第一联送采购员，采购员需在采购之前请酒吧经理批准，并在申购单上签名，第二联仓管人员留存。

表6-1　酒水申购单

申请部门：　　　　　　　　　　　　　　　　　　　　　　年　月　日

编号	品名	数量	单位	单价	用途

主管：　　　　　仓库：　　　　　采购部：　　　　　经理：

（三）采购人员填写订购单

采购人员根据订购情况填写订购单（见表6-2）。保存书面进货记录，最好是用订购单，以便到货核对验收。书面记录可防止在订货品牌、数量、价格和交货日期等方面出现误差。

表6-2　订购单

编号：
订购日期：　　　　　　　　　　　　交货日期：
订货单位：　　　　　　　　　　　　供货单位：
付款条件：

名称	数量	容量/ml	单价/（瓶/元）	小计/元

总计：　　　　　　　　　　　　订货人：

（四）采购活动控制

（1）采购员应根据申购单所列的各类品种、规格、数量进行购买。

（2）采购员落实采购计划后，需将供货客户、供货时间、品种、数量、单价等情况通知酒水管理人员。

（3）验收手续按收货细则办理，收货员应及时将验收情况通知采购员，以便出现问题及时处理，保证供应。

（五）落实供货

采购员将订货单向酒水经销商发出后，应落实具体供货时间，并督促其及时、按质、按量交货。

> **特别提示**
>
> 最好用订购单保存书面记录,以便到货时核对使用,可以防止订货牌号、报价、交货日期等方面发生误解和争议。

> **成本控制小结:**
> 通过本节学习,你学到哪些有用的控制成本方法?
> 你所在的餐饮企业,如何进行酒水采购控制?

第二节 酒水验收控制

做好验收工作,能防止接收变质的食品原料,并且及时验收能防止原料因无人看管而发生失窃的可能。

一、酒水验收内容

(一)核对发票与订购单

饮料验收员在货物运到后,首先要将送货发票与相应的订购单核对,核对发票上的供货以及收货单位与地址,避免收错货。

(二)检查价格

核对送货发票上的价格与订单上的价格是否一致。

(三)检查酒水质量

检查实物酒水的质量和规格是否与订购单相符,账单上的规格是否与订购单一致。酒水验收员应该检查酒水的度数、商标、酿酒年份、酒水色泽、外包装等是否完好,是否超过保存期,酒水质量符合要求方可接收入库。

> **特别提示**
>
> 若发现质量问题,如包装破损、密封不严、酒水变色、气味怪异、酒液混浊、超过有效日期等现象,验收员有权当场退货。

(四)检查酒水数量

检查酒水的数量与订购发货票上的数量是否一致。必须仔细清点各种酒水的瓶数、桶数或箱数。对于以箱包装的酒水，要开箱检查，检查箱子特别是下层是否装满。如果酒水验收员了解整箱酒水的重量，也可通过称重来检查。

如果在验收之前，瓶子已破碎、运来的饮料不是企业订购的牌号，或者到货不足，验收员要填写货物差误通知单。如果没有发货票，验收员应根据实际货物数量和订购单上的单价，填写无购货发票收货单。

二、填写验收单

所有供货商送货，都应附带送货发票。送货员给酒水验收员的送货发票有两联，送货员会要求验收员在送货发票上签名，验收员签名后，将第二联交回送货员，以示购货单位收到了货物，第一联则交给财务人员。

验收完成后，酒水验收员应立即填写验收日报表（见表6-3），待每日所有收货验收工作全部结束后，再将其汇总上交财务人员。

表6-3 酒水验收日报表

日期：

供应单位	项目	每箱瓶数	箱数	每瓶容量	每瓶成本	每箱成本	小计
合计							

酒水管理员： 验收员：

酒水验收日报表上各类酒水的进货总额还应填入验收汇总表（见表6-4）。

表6-4 酒水验收汇总表

日期	果酒	烈酒	啤酒	葡萄酒	饮料	合计
本期进货总额						

三、酒水退货处理

若供货商送来的酒水不符合采购要求,应请示主管是否按退货进行处理。若因经营需要决定不退货,应由主管人员或相关决策人员在验收单上签名;若决定退货,验收员应填写退货单。

退货时,验收员应在退货单上填写所退酒水名称、退货原因及其他信息,并在退货单上签名。退货单一式三份,一份交送货员带回供货单位,一份自己保留,一份交财会人员。

验收员退货后,应立即通知采购员重新采购,或通知供货单位补发或重发。

相关链接

酒单设计及酒水定价

(一)酒单设计

(1)酒单尺寸应方便阅读、利于推销,通常约为20厘米×12厘米。

(2)将少量文字印制成彩色,纸张使用柔和轻淡的颜色。

(3)应选择易于阅读的字体;英语标题可采用大写字母;最好不要用草体字;标题使用三号字,酒的名称、酒水价格使用四号字。

(4)酒单是企业的标志,酒单外观应反映企业的经营风格,应与内部装饰和设计相协调。

(5)酒单常包括3~6页纸,外部应有朴素而典雅的封皮。

(6)在酒单上印有高雅的鸡尾酒照片可加强酒水的推销功能。

(7)酒水品种及价格合理。

(二)酒水定价

酒水售价是酒水成本与毛利额的总和。酒水售价可通过把酒水成本除以标准成本率得到。

(1)单项酒水成本定价法。首先确定酒水的成本率,然后将酒水价格(100%)除以酒水成本率,确定酒水定价系数,将酒水成本乘以定价系数,求出酒水价格。

(2)酒水平均成本定价法。通常餐饮企业以酒水的平均成本为计算单位,计算出不同类别的酒水价格,这种方法使价格整齐和规范,利于顾客选择,易于酒水销售。先计算出同类酒水的平均成本,再计算出每一种类酒水的售价。如某餐厅有8种果汁,根据它们各自的成本,计算每杯果汁的售价。

(3)小容量定价方法。将大的计量单位酒水产品以小的计量单位销售的计价方法称为小容量定价方法。如白兰地酒是以杯为销售单位,而1杯白兰地酒的标准容量仅为1盎司,约等于28毫升。

> **成本控制小结：**
> 通过本节学习，你学到哪些有用的控制成本方法？
> 你所在的餐饮企业，如何进行酒水验收控制？

第三节　酒水库存控制

酒水品种繁多，且许多高级的酒类价格昂贵，因此，餐饮企业应加强酒水的库存控制，避免因库存不当导致酒水成本上升。

一、建立酒窖

餐饮企业应建立专门储存酒类的酒窖，在酒窖中存放酒类有利于保证酒类质量。建立酒窖的关键在于酒窖的科学设计，一般说来，酒窖应符合以下方面的要求。

（一）酒窖面积

酒窖应有足够的面积，以储存餐饮企业经营所需的酒类，同时还应考虑酒窖管理人员的活动空间。

（二）酒窖环境

为保证库存酒水的质量，酒窖的环境要求如下。
（1）良好的通风。
（2）保持干燥。
（3）隔绝自然采光。
（4）防震动。
（5）保持恒温等。

相关链接

不同酒水保管与储藏

（一）葡萄酒
（1）酒瓶必须斜放、横躺或倒立，以便酒液与软木塞接触，以保持软木塞的湿润。
（2）理想的储酒温度在 10～16℃，湿度约在 60%～80%，但湿度超过 75% 时酒标容易发霉。

（3）恒温比低温更重要，要远离热源，如厨房、热水器、暖炉等。

（4）避免强光、噪音及震动的伤害。

（5）避免与有异味、难闻的物品如汽油、溶剂、油漆、药材等放置在一起，以免酒吸入异味。

（二）白酒

白酒的保存是很讲究的，保存好的话，酒就会越放越香。在白酒保存的过程中，要讲究温度、湿度还有密封度，还要注意装酒的容器，容器封口要严密，防止漏酒和"跑度"，环境温度不得超过30℃。

（三）啤酒

储藏啤酒的仓库应保持场地清洁、干燥、通风良好，严防日光直射；仓库内不得堆放杂物；储运温度宜在5～20℃。

（四）果酒

果酒的保藏，桶装和坛装最容易出现干耗和渗漏现象，还容易遭细菌的侵扰，应注意清洁卫生和封口牢固；温度应保持在8～25℃，相对湿度75%～80%左右；不能与有异味的物品混杂；瓶酒不应受阳光直射，因为阳光会加速果酒的质量变化。

（五）黄酒

（1）黄酒的最适宜的温度是：环境凉爽，温度变化不大，一般在20℃以下，相对湿度是60%～70%之间。黄酒的储存温度不是越低越好，低于零下5℃就会受冻，就会变质，结冻破坛，所以黄酒不易露天存放。

（2）黄酒堆放平稳，酒坛、酒箱堆放高度一般不得超过4层，每年夏天倒一次坛。

（3）黄酒不宜与其他有异味的物品或酒水同库储存。

（4）黄酒储存不易经常受到震动，不能有强烈的光线照射。

（5）不可用金属器皿储存黄酒。

二、库存酒水控制工作

（一）酒水库存量标准化

为使库存酒水能保证正常的经营需要，餐饮企业应实行各种酒水的库存量标准化，具体的做法是预测每日的酒水销售量，随用随补。

酒水库存量可根据实际消耗需求控制在最佳状态，使库存量最小化；库存补充应遵循等量补充原则，以防止偷盗或滥用；因为标准库存量不是天天更改的，所以库存数量的正确性可通过抽查来检验，并且去库房的次数可减少。存料卡示例见表6-5。

表6-5　存料卡

项目：　　　　　　　　　　　　　　　　存货代号：

日期	收入	发出	结余	日期	收入	发出	结余

1. 最佳标准及基本规定

　　一个成功的标准库存系统是建立在合理的库存标准基础之上的。当餐饮经理确定标准库存的项目及数量后，应打印出各餐厅的标准库存清单，列出每一项目的类型及品牌和每一项目批准储存的数量。

2. 补充

　　标准库存将按等物原则进行补充。对于葡萄酒及烈酒，空瓶必须退回仓库。不允许更改标准库存项目，如果必须更改，也只能在新的标准库存清单被批准后，才能改动品牌、单位尺寸或数量。

3. 查证

　　每月至少两次，根据批准的标准库存清单突击检查实际库存情况。

（二）建立永续盘存制

为及时了解酒水的库存情况，餐饮企业应建立永续盘存制度，用于记录酒水的每次购入、发出数量和现存量。永续盘存表见表6-6。

表6-6　永续盘存表

代号：　　　　　　每瓶容量：　　　　　　标准存货：　　　瓶
品名：
单位成本：元

日期	收入	发出	结余

永续盘存制也称"账面盘存制"，是对酒水增加或减少，都必须根据会计凭证逐笔或逐日在有关账簿中进行连续登记，并随时结算出该项物资的结存数的一

种方法，其计算公式如下：

$$账面期末余额 = 账面期初余额 + 本期收入数 - 本期发出数$$

永续盘存制的优缺点如下。

（1）能随时了解酒水收入、发出和结存情况，有利于加强对库存物资的管理，有利于查明原因、明确责任、及时纠正。

（2）酒水明细分类核算的工作量较大。

> **特别提示**
>
> 永续盘存制可能发生账实不符的情况，如变质、损坏、丢失等，所以仍需对酒水进行清查盘点，以查明账实是否相符和账实不符的原因。

（三）作好酒窖安全工作

为防止因偷盗等原因造成酒水成本上升，餐饮企业应健全酒窖的安全管理制度，并指定专人负责酒窖的管理，且酒窖的门锁应定期更换。

> **成本控制小结：**
>
> 通过本节学习，你学到哪些有用的控制成本方法？
> 你所在的餐饮企业，怎样有效控制酒水存货？

第四节　酒水领发控制

一、吧台存货标准

为了便于了解每天应领用多少酒水，餐饮企业应建立吧台存货标准。存货标准的酒水数量应根据顾客的酒水消费喜好及消费量来确定，它应保证餐饮企业能满足顾客需求，又不能存有过多的酒水。

以下是某餐饮企业吧台存货标准，仅供参考。

▼【范例】吧台存货标准

吧台存货标准
（1）吧台的标准存货量应满足3天的周转量。成本部应每3个月根据各吧台实际的消耗量更新标准存货量。
（2）任何情况下，服务员不能擅自为本店同事、朋友、亲属免费提供饮

料或自饮酒水。

（3）吧台营业员每天必须正确填写收发存报表，做到账实相符。

（4）所有酒水的标准存货量的变更及品种的更换必须经餐饮部经理批准，并以书面的形式报与成本部存档。

（5）餐厅与厨房之间酒水的相互调拨，应按实际调拨数量填写酒水调拨单，以便正确记录各部门的消耗成本及酒水的实际库存量。

（6）成本部人员每月不得少于两次对吧台进行突击检查，确保所制定的吧台标准存货量与实际存量一致。

（7）对每次的抽查应有书面记录，针对存在的问题，应及时报告餐饮部经理及财务总监，查明原因。

（8）经审批的标准吧台存货量，各营业点不得进行私自更改，如有任何变动，必须书面报告成本部。

（9）针对整瓶销售的酒类，各部门的提货必须严格按照以一换一、以空瓶换整瓶的原则，按实际销售量进行补货。

（10）吧台营业员必须每日根据实际的销售数量填写提货单，经成本部及财务总监审批，确保与所制定的标准吧台库存量相一致。

许多餐饮企业尚未制定合理的吧台存货标准，只是凭借酒水服务员的想象或经验来确定当日的领料数量。一些餐饮企业制定吧台存货标准，但没有根据顾客的消费偏好进行及时调整，致使某些酒水存量较多，而某些酒水却不够用，需要在开餐时再去酒水仓库领料。

二、宴会酒水单独领料

餐饮企业在承办大、中型的酒会、宴会时，因酒水的消耗数量较多，并且酒水品种较为特殊，所以可根据宴会的特殊需要要求吧台单独领料，以满足宴会客人对酒水的需求。餐饮企业一般都有专用的宴会酒水领料单。一般领料单和宴会酒水领料单分别见表6-7、表6-8。

三、实行酒瓶标记制度

为防止吧台服务员或餐厅服务员在餐厅私自销售自己带入的酒水，餐饮企业可要求酒水仓库保管员在发料之前，在酒瓶上做好标记。

标记上应有不易仿制的标识、代号或符号，可要求吧台服务员在领料时应使用有标记的空酒瓶换领酒水，以确保企业的利益不受损害。

瓶酒销售记录单见表6-9。

表6-7 一般领料单

班次：　　　　　　　　　日期：
酒吧名称：　　　　　　　酒吧服务员：

品名	瓶数	每瓶容量	单价	小计

总瓶数：　　　　　　　　审批人：
总成本：　　　　　　　　发料人：
领料人：

表6-8 宴会酒水领料单

宴会主办单位：　　　　　日期：
宴会地点：　　　　　　　服务员：

酒水名	数量	最初发料	增发数量	退回数量	耗用数量	单位成本	总成本

申领人：　　　　　　　　领料人：
发料人：　　　　　　　　回收人：

表6-9 瓶酒销售记录单

日期：　　　　　　餐桌号：　　　　　　客账单编号：

代号	酒水名称	数量	每瓶容量	成本

服务员：
发料人：

> **成本控制小结：**
> 通过本节学习，你学到哪些有用的控制成本方法？
> 你所在的餐饮企业，酒水领发是如何控制的？

第五节 酒水标准化控制

一、瓶装、罐装酒水

(一)坚持使用酒水订单

酒水订单(见表6-10)与点菜单一样属于餐饮企业的控制表单。餐饮企业应要求所有服务员在接受客人点用酒水时,必须填写酒水订单。填写好的酒水订单应交账台收款员签章后再送至吧台领取酒水。吧台服务员应做到"无单(酒水订单)不发货"。

表6-10 酒水订单

日期:	服务员:
桌号(包房号)	
酒水名称	
数量	
备注	

(二)健全酒水管理制度

在销售过程中,餐饮企业应建立并健全相应的酒水管理制度,以杜绝服务人员的贪污、舞弊行为,如餐厅服务员偷饮酒水、用客人的酒水去厨房换菜点私用、乱开宴会或团队客人的酒水等,这些行为会导致客人投诉或酒水成本的增加,从而使企业的利益受损,必须予以彻底杜绝。

二、调制饮料

在酒水的调制过程中,很容易发生酒水的损耗与浪费,如不加强控制,就会不可避免地增加酒水成本。调制饮料的控制主要有以下一些方法。

(一)标准成本控制

标准成本控制是指餐饮企业定期将酒类饮料的标准成本与其实际成本作比较,从两者的变化中检查酒类饮料的成本管理是否存在问题的一种管理方法。引起饮料成本差异过大的原因主要如下。

(1)实际成本计算不准确。

(2)调酒师在进行调制操作时酒水用量控制不当。

(3)营业收入未作如实记录。

(4) 调酒师私自出售自带的酒水。

(5) 服务人员偷盗酒水等。

酒水的标准成本记录表见表6-11。

表6-11 标准成本记录表

代号	酒名	每瓶容量		每瓶成本	每盎司成本	每杯容量	每杯成本
		毫升	盎司				

（二）标准营业收入控制

标准营业收入控制是根据酒类饮料的销售量来计算标准营业收入总额，然后将其与实际营业收入进行比较，并从中发现问题的一种成本管理方法。

对于每份使用量都相同的调制饮料来说，其计算方法非常简单。

案例

如某餐饮企业供应的威士忌（Bourbon Whisky）每杯1盎司，售价18.00元，每瓶威士忌的容量为32盎司，如果不考虑溢损量，则每瓶威士忌的标准营业收入应为：32÷1×18.00=576.00元。

特别提示

实际上绝大多数烈酒通常都被用来调制各种混合饮料，每份的使用量不同，销售价格也各不相同，因而需要使用加权平均法来确定各种酒的每瓶标准营业收入。

餐饮企业应通过一定天数的测试期，统计各种酒类饮料在各种不同混合饮料中的销售量，然后计算各自的每瓶标准营业收入。

饮料价目表示例见表6-12，整瓶酒水的销售日报表示例见表6-13。

三、采用标准用量、用具

（一）用量标准化

制定各种调制饮料的标准（见表6-14），明确基酒、辅料、配料和装饰物的

表6-12　饮料价目表

生效日期：

品名	每杯容量	成本		售价		成本率	
		每杯	每瓶	每杯	每瓶	每杯	每瓶

表6-13　整瓶酒水销售日报表

班次：　　　　　　　　　日期：

编号	品种	规格	数量	售价		成本		备注
				单位	金额	单位	金额	

表6-14　调制饮料标准

酒名	基酒及用量	辅料及用量	配料及用量	装饰物

具体用量标准，并要求在实际操作过程中严格执行，如取用基酒时必须使用量杯等。调制饮品的标准酒谱见表6-15。

（二）载杯标准化

确定每款调制饮料的容量，并明确使用什么样的载杯，对于控制酒类饮料的成本具有十分关键的作用。

表6-15　标准酒谱

编号：

名称：＿＿＿＿＿
类别：＿＿＿＿＿　　成本：＿＿＿＿＿
分量：＿＿＿＿＿　　售价：＿＿＿＿＿
盛器：＿＿＿＿＿　　毛利率：＿＿＿＿＿

照片

质量标准							
用料名称	单位	数量	单价	金额	备注	调制步骤	
合计							

相关链接

酒吧常用载杯

1. 鸡尾酒杯（Classical Cocktail Glass）

传统的鸡尾酒杯通常呈倒三角形或倒梯形，阔口浅身高脚，用于盛载马天尼、曼哈顿等短软类鸡尾酒。

鸡尾酒杯杯体的形状可以是异形的，但所有鸡尾酒杯必须具备下列条件。

（1）杯身不带任何色彩和花纹，光滑、晶莹、洁净。

（2）由玻璃制成，不可采用塑料杯等替代品。

（3）以高脚杯为主，基座水平平稳，拿取或饮用时，手持基座或柄部，使鸡尾酒保持良好的冷却效果。

2. 古典杯（Old-fashioned Glass）

古典杯又称洛克杯、老式杯等，主要盛载加冰块饮用的威士忌或老式鸡尾酒等。古典杯的特点是杯底平而厚，身矮呈圆筒状，杯口较宽。

3. 高杯（Highball Glass）

高杯又称高球杯、海波杯等，圆筒状，用于盛载软饮、高杯类长饮混合饮料等，用途广泛。

4. 柯林士杯（Collins Glass）

与高杯相似，杯身比高杯细而长，用于盛载诸如"汤姆柯林士"、"约翰柯林士"等长饮类混合饮料。

5. 森比杯（Zombie Glass）和库勒杯（Cooler Glass）

森比杯和库勒杯都属于平底高身类载杯，形状与高杯、柯林士杯相似，但容量较大，主要用于盛载量大的森比类、冷饮类鸡尾酒。

6. 烈酒杯（Short Glass or Jigger）

烈酒杯又称净饮杯，玲珑小巧，底平壁厚，用干净饮烈性酒。

7. 白兰地杯（Brandy Snifter）

白兰地杯形似肥硕的郁金香，杯口小而呈收敛状，又称大肚杯、小口矮脚杯、拿破仑杯等。饮用白兰地时，手掌托住杯身，五指均匀分布，借助手温传递热量给白兰地酒液，并轻轻晃动酒杯，使酒香充分散发。

8. 香槟杯（Champagne Glass）

香槟杯的式样多种多样，以阔口浅碟形香槟杯和郁金香形香槟杯最为常见。阔口浅碟形香槟杯能够使饮者充分享受香槟酒丰富细腻的泡沫，而郁金香型的香槟杯则能让饮者欣赏到香槟串状的汽珠。浅碟形香槟杯在喜庆庆典场合可以堆垒成香槟塔，香槟酒自上而下斟倒形成所谓的"香槟瀑布"。香槟杯作为鸡尾酒的载杯，用途和使用范围都较为广泛。

9. 葡萄酒杯（Wine Glass）

在载杯中葡萄酒杯的种类、形态和容量规格最多，根据国家和地方饮用风俗以及葡萄酒类型的不同，对葡萄酒杯有着不同的品质要求，但有一些基本的要求是相同的。

（1）杯身上没有过多繁琐的纹饰，无色透明、洁净光滑，以便能欣赏到葡萄酒的本色。

（2）杯体呈郁金香状，杯口向内侧稍作收拢。

（3）杯口直径在6cm、容量200ml以上最为标准。

（4）葡萄酒杯的杯壁和杯口较薄，便于对葡萄酒的细饮品尝。

（5）红葡萄酒杯的容量比白葡萄酒杯的容量稍大，杯体丰满略呈球形。红葡萄酒斟五成，白葡萄酒斟七成，这个成数恰好达到酒液在杯中的最大横切面，使酒液与空气充分接触，从而发挥葡萄酒果香馥郁的酒体风格。

10. 比尔森式啤酒杯（Pilsener Glass）

比尔森式啤酒杯为传统式的啤酒杯，形状较多，有平底和矮脚两种主要类型，杯口略呈喇叭形。

11. 带把啤酒杯（Beer Mug）

带把啤酒杯又称扎啤杯，其特点是杯体容量大、杯壁厚实，有玻璃制、陶瓷制、金属制等不同的类型，容量以0.2L、0.3L、0.5L、1.0L等最为常见。

12. 酸酒杯（Sour Glass）

酸酒杯是饮用含柠檬汁、青柠汁等酸味成分显著突出的鸡尾酒的特制载杯。

酸酒杯为高脚杯。

13. 利口酒杯（Liqueur Glass）

利口酒杯是盛载利口香甜酒和彩虹鸡尾酒的杯具，杯形小，有矮脚和高脚之分，杯身管状，杯口略呈喇叭状。

14. 雪利酒杯（Sherry Glass）

雪利酒杯是饮用雪利酒、波特酒等甜酒的杯具，高脚，杯体呈花骨朵状。

15. 其他载杯

其他载杯包括高脚水杯（Goblet）、平底水杯（Tumbler Glass）、玻璃耳杯（热饮杯）（Cup）、金属耳杯（Tankard）、飓风杯（特饮杯）（Hurricane Glass）、水罐（Water Pitcher）、果冻杯和冰淇淋杯（Sherbet Glass and Ice Cream Glass）、宾治酒缸和宾治杯〔Punch Bowl and Punch Glass〕、滤酒器（Wine Decanter）。

（三）操作标准化

标准化的操作程序可保证餐饮企业提供给客人的调制饮料在口味、酒精含量和调制方法等方面保持一致性的要求。

以下是某餐饮企业饮料调制标准操作程序，仅供参考。

【范例】饮料调制标准操作程序

饮料调制标准操作程序

（一）直接在酒杯中调制

这类饮料通常使用高飞球杯、古典式杯、柯林斯杯，皆为无柄的直身杯，而它们往往就是饮料本身的名称。调制这类饮料时，酒杯必须洁净无垢，先放入冰块，冰块的用量不可超过酒杯容量的2/3，调酒师必须养成良好的习惯，任何时候都不用酒杯直接取冰，然后用量杯量取所需的基酒，倒入酒杯，接着注入适量配料，最后用棒轻轻搅拌，再按配方要求加以装饰点缀，便可端送给顾客。

（二）调酒壶中调制饮料

使用调酒壶可以摇动使各种原料充分混合，摇动过程中饮料与冰块充分接触使饮料温度降低，且冰块溶解从而增加饮料成品的分量。

饮料的调制过程：先将冰块放入调酒壶，接着加入基酒，再加入各种配料（有汽饮料如各种汽水不宜作此类混合饮料的配料），然后盖紧调酒壶，双手执壶用力摇动片刻。

摇匀后，打开调酒壶用滤冰器滤去残冰，将饮料滤入鸡尾酒杯中，加以装饰点缀，即为成品。如有顾客要求这类饮料加冰饮用，则应事先准备冰饮杯如古典式杯,并加入新鲜冰块,再将饮料滤入,并作同样点缀即可。

（三）调酒杯中调制的饮料

这类饮料的调制过程几乎与第二种完全相同,只不过由于这类饮料中通常有酿造酒如葡萄酒等作为基酒或配料,因而不适宜作大力摇动振荡,才使用调酒杯并用搅棒搅拌而成。

大力摇动会破坏酿造酒,致使饮料走味、变形。搅拌过程与摇动过程一样,会使冰块融化,增加饮料分量。冰块在搅动过程中,每10秒钟大致会产生 $\frac{1}{2}$ ~ $\frac{3}{4}$ 英两的水,但由于搅拌不如摇动来得剧烈,为使冰以同样的速度溶化成水,这类饮料调制时应使用碎冰或冰碴,而不宜使用冰块。有的饮料,如薄荷冰饮、味美思冰饮,都应用刨冰搅拌调制,随后滤入酒杯。

成本控制小结：

通过本节学习,你学到哪些有用的控制成本方法?

你所在的餐饮企业,如何进行酒水销售的?

第七章　餐饮支出费用控制

第一节　人工成本控制

人工成本控制是在保证服务质量的基础上，对劳动力进行计划、协调和控制，使之得到最大限度的利用，从而避免劳力的过剩或不足，有效地控制人工成本支出，提高利润。

一、确定员工工资

工资是指员工每月领取的基本工资，不包括补贴、分红，是餐饮企业付给员工预先确定数额的主要劳动报酬，在确定员工工资时一定要适度，过低不利于稳定员工队伍，过高则会增加餐饮企业经营成本。

（一）确定原则

员工工资与员工岗位的职责挂钩，尤其是负有管理和经营责任的管理岗位，包括主厨和领班，要根据其实际水平和业绩增减。

如果是新开张的餐饮企业，尚无经济效益可言，在员工工资问题上必须坚持以下3点。

（1）无论是否有相应的工作经历，都必须经过招聘考核和试用期的考察。

（2）在思想、技术、作风和纪律等方面都符合餐饮企业提出的要求后，才能按照餐饮企业规定的岗位基本工资标准领取工资。

（3）为了稳定员工队伍，吸引工作表现好、经验丰富的员工长期为餐饮企业工作，应按年逐步增加其基本工资。

（二）确定程序

对于餐饮企业员工工资的确定程序，主要包括以下3步。

（1）试用期工资，一般为所在岗位基本工资的60%～80%，且没有奖金或其他福利。

（2）岗位基本工资，根据餐饮企业效益及其他奖金、福利制定。

（3）岗位基本工资的增加，按在餐饮企业的工作年限增加工资额及相应福利。

比如，所在餐饮企业的服务员岗位基本工资为月薪1300元，则试用期工资为月薪1100元，试用期满后每工作满一年，月薪增加200元，最高至1800～2000元，其他岗位可参照这一方法相应制定。

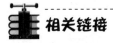 **相关链接**

发放工资是一门学问

不要以为发工资是很简单的事情，如同穿衣吃饭那般平常，工资到底应该怎么发，其实是有学问的，当然，这里针对的是现金的发放，如果是直接存入员工工资卡中，在这里就暂不讨论。

（一）工资老板自己发

工资最好是由老板本人亲自来发，但是需要注意以下2个事项。

（1）在发工资时，和颜悦色、保持微笑，把钱给员工，说声谢谢，不要板着个脸，让双方都感到不愉快，反正都是发钱，为啥不让员工更加高兴呢。

（2）发钱时是最好的教育时机，员工在拿钱时，回顾自己当月所做工作，想起在工作中曾出现过的敷衍了事、丢三落四等状况，心里自然会涌现一点对公司、对老板的愧疚感，老板可以发钱之后，微笑说上几句，员工更加听得进去。

（二）旧钱比新钱好

许多经营者认为，给员工发工资，一百块的新钞显得整洁大方，不过，这样几千块钱会显得只是薄薄的一叠，看起来没多少，影响到员工领工资的感觉，但是改发旧钞，钞票面额改为五十块的，同样的金额，厚度就不言而喻了。

（三）工资、奖金分开发

发钱，是最简单，也是很有效的激励手段，一般在发工资的前后几日，员工的态度和工作积极性都有一定程度的提升。但是，大多数经营者往往每月只发一次钱，把工资、津贴和奖金合并在一起发下去，简单省事。不过，若是把工资、奖金、津贴都分开发的话，每月多发几次钱，自然增加激励员工的机会。若有条件，还可以考虑把福利品和薪资也分开发放，无非就是多花费点时间多发几次钱而已，但可以让员工持续保持一个较好的工作态度。同样是发工资，改变一些方法和形式，同样的钱，却可以带来更好的收益，何乐而不为呢？

二、制定员工奖金

许多餐饮企业为了激励员工，都会采用奖金方式，如季度奖、年终奖等。因此，奖金也是人事费用中的一个重要组成部分，但是，如何对员工奖金进行管理，则是一个问题，以下提供一份某餐饮企业的员工奖金管理制度，仅供参考。

【范例】餐饮企业奖金制度

餐饮企业奖金制度

一、目的

本店所制定的奖金除对从业员工之间的尽职程度、服务及贡献程度等给予其评定外，对于员工福利及内容和制度，亦详加规定。

二、适用范围

凡任职满14日以上的正式任用员工皆适用；部分奖金支付办法，可适用于兼职员工。

三、具体内容

本规则所制定的奖金，包括模范员工奖、礼貌奖、最受欢迎奖、工作绩效奖金、考勤奖金、激励奖金、全勤奖金、年节奖金、年终奖等。

（一）模范员工奖

每月由各主管员工依工作敬业态度及考核成绩，挑选一至两名工作表现优异的从业员工（含兼职员工）呈人事科评核后，于每月月初发放500元礼券一张，以激励员工士气。

（二）礼貌奖

为加强顾客对本店有良好的印象并培养同仁间的默契，增加各部门的配合度，每月由各主管员工挑选最具礼貌的员工一名，每月初发放500元礼券一张。

（三）最受欢迎奖

为使同事间能够相处融洽并让顾客感受到本店亲切的服务态度，每月由各部门全体同仁间推选一名最受欢迎员工，除在每月月初发放500元礼券一张外，还要在公布栏内颁布，可让顾客分享其喜悦。

（四）工作绩效奖金

由各部门主管员工视当月各人勤务的表现（包括工作效率、服务态度、敬业精神、出勤率、贡献度等多项评核）进行考核，并依据考核成绩核发工作绩效奖金，其核发标准见下表。

工作绩效奖金核发标准

分数	95以上	95～90	89～80	79～70	69～60	60以下
奖金	2500元	2000元	1500元	1000元	600元	0

（五）考勤奖金

依据全年度员工勤务表现及贡献程度，按下列规定发放标准支付。

（1）勤务满一年以上，其年度考核成绩平均在80分以上者，则支付半个月的本薪作为当期绩效奖金。

（2）勤务满半年以上，其考核成绩在85分以上者，则依其勤务月数乘以半个月的本薪比率作为当期绩效奖金。

（3）勤务未满半年者，原则上不予以发放，但表现优异者，可经由各部门主管员工呈人事科评核后，酌量奖励。

（六）激励奖金

为激励员工缔造经营佳绩，并争取自我加薪及自创福利机会，可依照下列规定评核。

平均三年内营业总额÷365日（一年）×1.10＝月业绩目标（基础目标）

（1）每周内连续2日（不含旺季及法定节假日）超过基础目标，则于次周发放激励奖金：经理（副理）5000元礼券一张；管理员工1000元礼券一张；基层员工500元礼券一张。

（2）连续两周内突破基础目标时，则在第二周奖金加倍发放。

（七）全勤奖金

员工在规定勤务时间内按时上下班且未有舞弊者，可按下列规定予以奖励。

（1）全月无请假、迟到、早退、私自外出时，则每月发放全勤奖金200元以兹鼓励，但以正式任用员工为限。

（2）兼职员工累计达176小时以上，无请假、迟到、早退、私自外出时，则给予全勤奖金200元以兹鼓励。

（3）会计年度期间（从1月1日起至12月31日止）正式任用员工及兼职员工，全年度皆为全勤者，于农历过年后第一天上班团拜时，当场予以表扬并发放1000元奖金以兹鼓励。

（4）新进员工自任职日起至会计年度终了为止，任职满6个月以上无缺勤记录且考核成绩在85分以上者，可给予其奖励。

（八）年节奖金

为加强员工向心力并犒赏员工平日的辛劳，于端午节及中秋节分别给予酌量奖金以兹鼓励。其支付规定如下。

（1）满一年以上的正式任用员工，则支付全额奖金；兼职员工服务满一年以上者，则支付半额奖金。

（2）满六个月以上的正式任用员工，则依实际勤务月份÷12×奖金额，即为该期间年节奖金，兼职员工则不予以计算。

（3）未满六个月以上的从业员工，则不予以计算。

（4）支付金额，则由公司视该员工成绩，另行制定。

（九）年终奖金

视当年度经营状况及个人贡献程度、出勤率、考核成绩等，依其成绩比例发放，其规定如下。

(1) 服务满一年以上的正式任用员工，支付一个月份基本薪资作为年终奖金，兼职员工则半额支付。

(2) 服务满半年以上者，按实际勤务月数比率核算，兼职员工则不予以支付。

(3) 服务未满半年以上者，则不予以发放。

本规则自××年×月×日起开始实施。

三、员工福利

福利是对员工生活的照顾，是公司为员工提供的除工资与奖金之外的一切物质待遇，是劳动的间接回报。

根据福利内容，可以划分为法定福利和餐饮企业福利。

（一）法定福利

政府通过立法要求餐饮企业必须提供的福利，如社会养老保险、社会失业保险、社会医疗保险、工伤保险、生育保险等。

（二）餐饮企业福利

用人单位为了吸引员工或稳定员工而自行为员工采取的福利措施，如工作餐、工作服、包食宿、团体保险等。

餐饮企业如果为员工提供住宿，一定要管理好宿舍，最好可以制定一个宿舍管理规定，以达到规范化管理。

餐饮企业可以制定一个标准的福利制度，以此规范全体员工福利的发放。

四、员工招聘费用控制

餐饮企业招聘员工需要一定的费用，如招聘场地费、会议室租用费、广告牌制作费、往返车费、食宿费以及其他人工成本费用。

因此，如果不是特别需要，可以减少招聘次数，从而节省招聘费用。最重要的是，要降低员工的流失率，最终减少员工招聘。

相关链接

招聘环节把关，降低员工流失率

目前，餐饮企业的员工流动率是非常高的，要善用员工、留住员工为餐饮企业效力，不仅要留住员工的人，更要留住员工的心，真正关心和照顾好每一个员工。

合理的流失率有利于保持活力，但如果流失率过高，将蒙受直接损失（包括离职成本、替换成本、培训成本等）并影响到餐饮企业工作的连续性、工作质量和其他员工的稳定性，因此要做好防范措施，降低员工流失率。

应该从员工招聘入口把好关，起到"过滤层"作用，"淘"进合适员工，在成功招聘员工的同时，又能保持员工在餐饮企业发展的可持续性，为降低员工流失率起到防微杜渐作用。

（一）员工思想

在员工招聘时从战略上考虑到员工在餐饮企业的持续发展性，为降低员工流失率起到第一层过滤防范作用。

1. 价值取向

成功的员工招聘应该关注员工对组织文化、价值追求的认可程度。与餐饮企业文化不能融合的人，即使是很有能力和技能的员工，对餐饮企业的发展也会有不利之处。在进行筛选工作的时候，于开始就应该让应聘者充分了解餐饮企业的工作环境、餐饮企业文化。

2. 团队融合度

在招聘过程中，除了关注员工基本素质外，还应认真分析拟任团队结构特点，如团队成员的学历、性别、年龄、观念、价值取向等，尽量减少不必要的员工团队磨合成本，增加员工与团队的融合度。

3. 招聘与培训有机结合

在招聘员工时更多的应是考虑员工的长远发展。对新聘员工在上岗前针对岗位要求进行导向性培训（包括环境介绍、业务熟悉、了解工作关系、了解餐饮企业文化等），让员工适应岗位。

（二）对应聘者坦诚相见

招聘员工需要给应聘者以真实、准确、完整的有关职位的信息，才可能产生雇员与餐饮企业匹配的良好结果，从而带来比较低的流失率。

（三）告知餐饮企业发展前景

餐饮企业发展前景是留住员工因素之一。首先，餐饮企业在招聘员工的过程中应明确告知餐饮企业的战略和发展目标是否长远；其次，餐饮企业内部管理的机制是否合理，包括餐饮企业的管理策略、员工观念、餐饮企业管理的价值观。

如果员工感觉餐饮企业的发展前景不明朗，目标或愿景无法实现，在这种情况下，员工会认为即使自己努力也不会有结果，那么不会选择努力工作而会选择离开。

（四）引入职业生涯计划概念

在应聘者进餐饮企业时如何根据其个性特点、岗位性质量身设计职业生涯计划呢？在招聘员工时，不同岗位的员工其职业生涯计划应采取不同的策略。

如果在应聘者进入餐饮企业时，就让其有了职业生涯的概念，对未来有一份憧憬，其选择留下，会为自己的职业生涯而努力，为餐饮企业的发展和自己的发展坚定地留下来。

五、人工成本控制方法

（一）定岗、定员

定岗、定员是否恰当，不仅直接影响到劳动力成本的开支、职工队伍士气的高低，而且对餐饮生产率、服务质量以及餐饮经营管理的成败有着不可忽视的影响。餐饮经营者应综合考虑以下因素，定岗定员才能更合理。

（1）餐厅档次和布局。

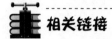 **相关链接**

怎样合理安排餐厅动线

餐厅动线是指顾客、服务员、食品与器皿在餐厅内流动的方向和路线。

顾客动线应以从大门到坐位之间的通道畅通无阻为基本要求。一般来说，餐厅中顾客的动线采用直线为好，避免迂回绕道，任何不必要的迂回曲折都会使人产生一种人流混乱的感觉，影响或干扰顾客进餐的情绪和食欲。餐厅中顾客的流通通道要尽可能宽敞，动线以一个基点为准。

餐厅中服务人员的动线长度对工作效益有直接的影响，原则上越短越好。在服务人员动线安排中，注意一个方向的道路作业动线不要太集中，尽可能除去不必要的曲折。可以考虑设置一个"区域服务台"，既可存放餐具，又有助于服务人员缩短行走路线。

（2）食品原料的成品、半成品化。

（3）菜单的品种。

（4）员工的技术水准和熟练程度。

（5）客流量和生产规模。

（二）制定人工安排指南

人工成本控制的前提是保证服务质量，餐饮经营者必须制定出体现服务质量要求的操作标准，并依此制定出各项劳动安排指南。

1. 最低劳动力

对于不随业务量大小而浮动企业经营所必需的最低劳动力，如餐厅经理、会计、主厨师长、收银员、维修工等这部分固定劳动力的工资占餐厅人工成本支出的相当一部分，餐饮企业应有固定的劳动力标准，并尽可能安排在关键岗位上。

2. 变动劳动力

对于随着业务量水平的变化而浮动，即当餐厅生产更多的菜品、接待更多的客人时，将需要更多的服务人员和生产人员，应根据淡、旺季来解雇或招聘，以减少费用开支。餐厅中至少有50%的工种可以根据需要来灵活调配人员，只要餐饮经营者能科学地进行劳动力安排，就能降低劳动成本。

（三）确定劳动生产率

餐饮业衡量劳动生产率的指标主要有两个：一是劳动生产率；二是劳动分配率。劳动生产率是衡量企业中平均每位职工所创造的毛利率。

提高劳动生产率的首要因素是要培训员工树立经营观念，积极开拓市场，节约开支，提高企业的毛利；其次是要合理地安排员工的班次和工作量，尽可能减少职工的雇用数量，减少员工无事可干的时间，减少人工费开支。

标准生产率可由两种方法来订，具体如图7-1所示。

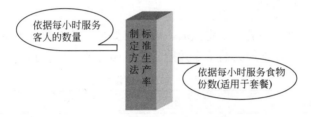

图7-1 标准生产率制定方法

这两种方法都可以清楚算出服务员工的平均生产率，以此可以作为排班的根据。

根据标准的生产率，配合来客数量的不同进行分配，分配时需注意每位员工的工作量及时数是否合适，以免影响工作质量。

案例

某餐饮企业共有五名服务员，一共有1个大厅7个包间，都在同一个平台，包房分布在大厅的两边。最大的包房设有2张台，共24个餐位，最小的包房8个餐位，总共分两个餐次。一般顾客都选择在包间用餐，大厅很少有客人，服务员主要是传菜和上菜，有专门的迎宾和点菜人员。该店对员工是按照以下方法进行分配的。

（1）将员工分为两个餐次，每个餐次中都有服务员、迎宾员、点菜员，这些人员在营业高峰期是同时存在的，保障餐厅经营的整个时段，都有相关的人员提供服务，并做好下一个餐次的准备工作。如果经营时间是11:00～22:00，那么一个班次的工作时间可为10:00~14:00、17:00~22:00，另一个班次为12:00~21:00。

（2）最大的包房安排一名服务员，其他包房基本做到二间房一名服务员，大厅如果有客人，则由迎宾及点菜员提供服务。

（3）7个包房，最大的包房要接待两桌顾客，因为只有5个服务员，还要承担传菜的任务，比较紧张，因此可至少后备一名，因为包房的正常服务需要4名服务员，再加上休假人员，为了让服务提高档次，应在人员上做好合理的安排。

另外，该餐饮企业还有以下相关事项。

（1）迎宾员、点菜员、服务员，只是分工的不同，因此，对卫生、服务、收捡等工作事务，都要做好明确的安排，既讲究分工又要有合作。

（2）每个班次所负责的具体事务要有界定，要求必须完成方可下班，否则就会形成恶性循环，上一个班次推一下班次，下一个班次又推上一次班次。

（3）其他工作已完成，且已到达下班时间，还余有一、二桌客人时，可灵活安排值班人员。

（四）合理配备人员

确定了餐厅所需要的员工定额后，应考虑如何把这些职工安置在最合适的工作岗位上，使其发挥出最大的工作效能。员工岗位的设置，具体见表7-1。

表7-1 员工岗位设置

序号	类别	说明	备注
1	量才使用、因岗设人	（1）考虑各岗位人员的素质要求，即岗位任职条件，选择上岗的员工要能胜任其岗位职责 （2）认真细致了解员工特长、爱好，尽可能照顾员工意愿，让其有发挥聪明才智、施展才华的机会	不要因人设岗，否则将会给餐饮经营留下隐患
2	不断优化岗位组合	优化餐厅岗位组合是必需的，同时发挥激励和竞争机制，创造一个良好的工作、竞争环境，使各岗位的员工组合达到最优化	在实际操作过程中，可能会发现一些员工学非所用或用非所长，或暴露出引起班组群体搭配欠佳等现象
3	利用分班制	根据餐饮企业每日营业中高峰和清淡时段客源的变化、供餐时间的不连贯及季节性显著的特点，可安排员工在上午工作几小时，下午工作几小时	在不营业或经营清淡时段可不安排或少安排职工上班，这样可以节省劳动力
4	雇用临时工	为节约开支、便于管理，餐厅需要有一支兼职人员队伍	雇用临时工应尽量定时，在保证人力需要的同时，注意进行技术培训，以保证服务质量
5	制定人员安排表	人员安排表是一种人员的预算，说明职工人数随顾客人数的增加而相应增加，随着顾客人数的减少而相应减少	根据经营情况和所能提供的服务及设备条件，制定人员安排表

（五）提高工作效率

提高工作效率是降低成本的关键。应认真研究整个工作过程中的每个步骤，

改变操作规程,精简职工的无效劳动;不同程度地使用机器设备;厨房设备的机械化、自动化;改善食品卫生条件;减轻体力劳动,提高劳动效率。

(1)尽量使用自动化水平高的厨房用具。在保证质量的前提下,缩短切配、烹调时间,减少工作人员,如以自动洗碗机代替人工洗碗。

(2)电脑在餐厅中点菜、收银方面的应用,可缩短时间、提高效率。

(3)注重员工培训,提高员工服务技能,减少差错出现、成本浪费和操作失误。

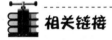

培训费用由谁承担

员工培训包括新入职培训和在职培训。为了提高员工的基本素质,需要对员工进行培训。不要认为培训会花费钱,培训可以吸引员工、培养员工、留住员工,提高餐饮企业的核心竞争力。如果培训达到预期效果,可以激发员工的个人潜能,从而提高员工工作积极性。

《劳动法》第六十八条规定:"用人单位应当建立职业培训制度,按照国家规定提取和使用职业培训经费,根据本单位实际,有计划地对劳动者进行职业培训。从事技术工种的劳动者,上岗前必须经过培训。"

由此可见,用人单位为劳动者进行岗前培训等一般培训,是用人单位应尽的法定义务,同时也是劳动者享有的法定权利。因此,用人单位不得要求劳动者承担岗前培训产生的培训费用,也无权向劳动者追索这些培训费用。

《劳动法》第三条规定:"劳动者享有平等就业和选择职业的权利、取得劳动报酬的权利、休息休假的权利、获得劳动安全卫生保护的权利、接受职业技能培训的权利、享受社会保险和福利的权利、提请劳动争议处理的权利以及法律规定的其他劳动权利。劳动者应当完成劳动任务,提高职业技能,执行劳动安全卫生规程,遵守劳动纪律和职业道德。"

(4)重新安排餐厅内外场的设施和动线流程,以减少时间的浪费。

(5)改进分配的结构,使其更符合实际需要。

(6)加强团队合作精神培训,以提高工作效率。

(7)尽可能一人兼几职或多用钟点工。如前厅经理、营业主管兼任迎宾员;维修工、司机、库管、财务兼传菜员;库管兼酒水员;吧台主管、迎宾主管兼办公室文员;水台、粗加工兼洗碗工。

(六)控制非薪金形式人工成本

控制非薪金形式的人工成本支出具体针对的方面,见表7-2。

表7-2 控制非薪金形式人工成本

序号	形式	说　明	备　注
1	工作服	（1）掌握员工流动情况，做好工作服发放、回收工作 （2）注意选料、制作、保养、洗涤，以延长使用寿命	
2	员工用餐	合理安排工作餐时间，尽量避开客人用餐高峰期；实行按定员定额发卡，尽量杜绝非工作人员用餐，减少浪费	
3	人员流动	职工的流失率过高，不仅会降低总体服务质量，还会增加人员招聘费用和新职工培训费用，影响工作效率，导致人工费用上升	

> **成本控制小结：**
> 通过本节学习，你学到哪些有用的控制成本方法？
> 你所在的餐饮企业，人工成本费用采取哪些控制成本的措施？

第二节　能源费用控制

餐饮企业能源费用主要包括水费、电费和煤气费，能源费用是餐饮企业成本控制中一项重要工作，能够合理有效地控制能源，就可以减少能源浪费，提高利润。

一、有效控制水费

餐饮企业用水属于经营服务用水，虽然水费在整个经营的成本中所占的比例并不高，但是如果所有员工都能意识到节约用水的重要性，从而节约用水，也可以节省一定的水费。需要牢记的一点是节约用水，不能以降低卫生水平为代价。

> **特别提示**
> 每天盘点用水量，参照营业额比例判断用水量是否合理，如有不合理之处应及时查明原因并作出改进计划。

餐饮企业可以采用各种方式，从管理者至基层员工，全员动员对用水进行控制。诸如可以采取以下方式来减少用水量。

（一）节水与奖金挂钩

每个水龙头都安排节水责任人，一旦发现用完不关现象，责任人扣发30%～50%的奖金。此外，水龙头不能出现"长流水"。

（二）改变洗菜方式

将各种菜统一放到洗菜池里冲洗，改完全是靠水流将菜上的脏东西冲走为接满一池水之后由人工用手清洗，洗菜的水统一用来拖厨房的地。

（三）桌布锅碗少冲洗

在不影响正常清洁和烹调的前提下，尽量减少用水量。炒菜师傅烹调洗锅时要节约用水；桌布锅碗少冲洗，餐饮企业就减少了桌布、锅碗的清洗次数。

（四）设备更新

将旋钮式水龙头改为下压式或者感应式，节省洗手期间造成的水资源浪费。将湿拖布换成容易清洗的海绵拖把。

二、有效控制电费

餐饮企业的空调、冰箱、冰柜以及照明都需要耗电，可以采用各种方式控制电费。

（一）空调

空调可以设置色点方式，以控制电量使用。
（1）绿色，开始营业时开启，营业结束后关闭。
（2）蓝色，当员工到达餐厅时开启，离开餐厅时关闭。
（3）黄色，需要时打开（如未开放的楼面的空调等）。

> **特别提示**
>
> 节约能源成本的重点在于随时将可关掉的电源关掉，必须确定所有的成员都了解餐厅的色点系统的重要性，并会使用。

对于空调控制，主要包括调节控制、开启关闭控制及维护控制，具体见表7-3。

（二）冷藏、冷冻系统

冷冻库及冷藏库在维持半成品品质方面，扮演极为重要角色，为维持经济的适当温度范围，必须定期检视这两个系统。

1. 调整控制

设定冷冻库、冷冻柜（冰箱）控制除霜周期的计时器，以节约能源。设定时间有4个周期，所选定的除霜时间，至少应在进货后2小时，或是人员不会进出

表7-3 空调控制

序号	类别	控制方法
1	调节控制	（1）设定空调开关上的正确温度，才能节省餐厅的能源，在冬季使用暖气时，室内温度应设为20℃，在夏季使用冷气时室内温度应设为26℃ （2）用餐区温度的测量以顾客坐下时，头部的高度为准 （3）厨房区温度的测量，以服务员站立时头部高度为准 （4）为维持适应温度，在夏冬两季调整空调开关的设定温度 （5）其他季节依餐厅外的天气状况及温度作合理调整 （6）依照楼面开启情况、营运状况，适时调整空调开启和关闭
2	开启关闭控制	（1）如果餐厅拥有独立式空调设备，可拟定间隔式启动的时间表，一次开启1或2台空调，使用间隔式启动时间表作业，则每日可节省数小时的运作时间 （2）打烊后，关闭排油烟机，避免餐厅热气（冷气）流失或吸入
3	维护控制	（1）每星期至少清洁一次空气过滤网和冷凝器散热网，必要时及时更换 （2）定期检查空调设备内部，注意是否有裂缝、腐蚀、螺丝松落或其他损坏，有无异响、异味，并及时予以维修 （3）每周检查空气入口和回风装置，根据一般的清洁时间表清洁即可，清理上述装置不仅可改善餐厅外观，更可确保空调设备的功能；调空气流向，勿使其直接向下或对着墙壁及其他障碍物 （4）清洁面板内的恒温器，用软毛刷将恒温器及其毛细管、护盖上的灰尘油垢清除掉，发现毛细管卷曲，应及时予以更换（注意，须关闭电源开关） （5）每年检查2次冷煤管和通风管，注意是否有腐蚀、损坏的迹象，周边是否有漏油现象（表示冷媒外泄）或风管连接处松落，并及时予以维修 （6）保持冷冻红圈清洁，以软毛刷清理表面尘垢即可 （7）检查蒸发器滴盘，确定是清洁及干的

冷库或开启冰箱的时间为宜。其设定周期须至少间隔4小时，应避免高峰电力需求的时段（如早上6:00、下午6:00、凌晨12:00的时段）。冷藏库化霜时间为15～30分钟，冷冻库化霜时间为60分钟。

2．开启关闭控制

大型冷冻食品进货时，不要关闭压缩机，卸货后再使冷库降温，比让机组继续动作花费高。在取货或盘点时，勿让冷库的门开着，空气帘则保持在适当位置，不可为了进出的方便而将它推到旁边或取下。鼓励人员进出冷库前做好计划，以减少往返次数。

3．维护控制

与空调一样，良好保养的冷藏、冷冻系统，是降低能源成本最有效率的方法，也有助于延长设备的流畅运作。

遵行计划保养月历中的保养计划，并牢记下列事项。

（1）每周检查冷冻库、冷藏库、冰箱的门垫是否完整，清除尘垢或食物残渣，并注意是否有裂缝及损坏情形，同时需检查冷藏门边的加热器是否运行正常，以防结冰。

（2）定期以纸币检查冷藏（冻）、冰箱设备之垫圈。

（3）所有冷藏（冻）机组冷凝器及散热器线圈也应保持清洁，大型冷库与冷藏库亦然。如线圈位置近厨房排风口，便易于堆积油垢，而油垢正如磁场般易于吸附尘土。使用手电筒检查线圈内部的清洁，同时也要检查水冷式冷凝器，以避免浪费能源或水。

（4）检查除霜计时器上的时间设定是否正确。

（5）每周检测一次冷库、冰箱温度，如温度不符要求，则调整温度控制开关直到符合要求为止。

（三）生产区设备

餐饮企业的生产区设备为主要能源消耗者，占总能源费用50%～60%，如想节省能源的一大半，就该从此处着手。

对使用独立电表及煤气的餐饮企业而言，应从实际度数中分析生产区设备实际的能源用量。

1. 调整控制

对良好的能源管理来说，保持所有生产区设备的适度调整非常重要，生产区调整程序，也有助于降低能源成本。

白天不需使用的设备应予以覆盖或关闭。生产区设备最重要的调整技巧，为温度校准。

2. 开启关闭控制

整体设备，依高峰营运的负载量而设计，既然营运不会一直处于高峰期，一天中某些时段就应关闭部分设备。

在营运平缓时注意生产区设备，在适当时段内找出关闭设备的机会，根据设备关机时间拟定时间表，每位服务员都必须彻底了解时间表及使用设备的适当程序，并明白应以最有效率的方式来完成任务。设备于每次开机时应有时间记录，具体见表7-4。

表7-4　设备开机时间表

设备名称	预热时间	开机时间	备注

3. 维护控制

如其他耗用能源的设备一样，正确维护生产区设备，更能经济地运用它。一定要参阅设备保养手册，以了解下列重要作业的正确程序。

（1）保持烟道、烟道壁及排油烟机的清洁。

（2）根据计划保养月历的时间表，检查相关设备的温度校准。

（3）检查煤气的密封圈、阀门是否完好无损、清洁无垢。

（四）照明系统

餐饮企业照明设备其实是一种行销工具，保持事物明亮、愉悦，而且光线充足，有助于吸引顾客进入餐厅。

如果是刚成立餐厅，或是在重新装潢的餐厅里，可使用较浅的颜色、安装镜子、增加更多的开放空间，来减少照明所需。

1. 颜色识别

餐饮企业可以将各种电灯开关按需要分为四个部分，每部分用一种颜色以便识别。

（1）红色：任何时段都要保持开启。

（2）黄色：开店时开启。

（3）蓝色：天空阴暗及傍晚黄昏时开启。

（4）绿色：视需要开启。

2. 照明

照明设施的选择，可采用荧光灯、卤钨灯、LED灯等节能灯具，有条件的还可采取声光控灯具或其他节能的灯具设施。

（1）使用节能型的照明设备。

（2）将餐饮企业各区域的照明、广告灯箱等的开关纳入到定人、定岗、定时、定责任的管理范围内，并根据自然环境的实际制定严格的开闭时间规定，餐饮企业根据重点部分，规划出监测点位，进行重点控制。

（3）员工区域及公共区域的灯光照明可改为声控照明或声光控照明，最大程度地节约用电；同时对一些区域在不影响工作的情况下只保证其最低照度或减少光源以实现节电。

3. 其他事项

（1）各后勤岗点下班时随手关灯。

（2）通过安装声控、红外线等方式控制走道灯。

（3）餐饮包厢备餐时开启工作灯，开餐后开启主灯光。

（4）使用节能灯，将非对客区域的射灯全部更换为节能灯。

（5）各部门饮水机由专人负责开启和关闭。

（6）雨棚灯开关时间为：冬季17:00时（开）～次日5:00时（关）；夏季18:00时（开）～次日3:00时（关）；四季24:00时后，关闭两组雨棚灯。

三、燃气费用控制

大多数餐饮企业都是以燃气为燃料来加工食品的，因此燃料费是一个经常性支出的费用。应根据食物制作好需要的标准时间，合理使用燃气炉制作食物。

一般燃气使用主要是在厨房，使用者是厨师，因此餐饮企业经营者要对厨师用气进行控制，节约用气。尽可能充分利用热量，减少损失热量，缩短用火时间，可以让厨师采用以下6种方法来节约用气。

（1）合理调整燃具开关的大小。在烧水时火焰应尽可能开大，以火焰不蔓出锅壶底部为宜；在煮饭或烧菜时，在水开以后应将火调小并盖上锅盖。

（2）防止火焰空烧。炒菜前要先做好准备工作，以防点燃火以后手忙脚乱；水烧开以后应将火关灭以后再提开水壶，防止提去水壶忘记关火；不要先点燃火以后才去接水放锅。

（3）调整好火焰。发现火焰是黄色或冒烟应及时处理，因此时炉灶的热效率较低，可调整风门、清理炉盘火头上的杂物、检查软管或开关是否正常、检查锅底的位置是否合适，不要使它压在火焰的内锥上，还应设法避免穿堂风直吹火焰。

（4）尽可能使用底面较大的锅或壶。因为底面大，炉灶的火可开得大些，锅的受热面积大，同时灶具的工作效率也高。

（5）烧热水时尽量利用热水器。因热水器的热效率大大高于灶具，如用热水器烧热水可比用灶烧节气$\frac{1}{3}$，同时还节省时间。

（6）改进烹调方法。改蒸饭为焖饭，改用普通锅为高压锅，省时省气。

四、常用能源控制表格

（一）能源使用情况表

能源使用情况表见表7-5。

表7-5　能源使用情况表

项目	月份	1	2	3	4	5	6	7	8	9	10	11	12	备注
照明电	本月抄表数													
	上月抄表数													
	本月耗电数													
	照明电总价													
动力电	本月抄表数													
	上月抄表数													
	本月耗电数													
	动力电总价													

续表

项目	月份	1	2	3	4	5	6	7	8	9	10	11	12	备注
空调用电	本月抄表数													
	上月抄表数													
	本月耗电数													
	空调电总价													
水	本月抄表数													
	上月抄表数													
	本月用水数													
	水费总价													
煤气	本月抄表数													
	上月抄表数													
	本月耗用煤气数													
	煤气总价													
其他	本月抄表数													
	上月抄表数													
	本月共用数													
	总价													
合计费用														
营业额														
占营业额/%														

（二）能源使用情况评估表

能源使用情况评估表见表7-6。

表7-6 能源使用情况评估表

餐厅_____　　　评估日期_____　　　评估人_____

项目	评估标准	实际结果
水	（1）清洗间水流量标准：/分钟 （2）热水、开水水温标准：82℃、87℃ （3）最近一次热水器的维护标准：每月一次 （4）供水系统漏水检修标准：0处 （5）每月用水情况记录和分析（能源使用情况表）	

续表

项目	评估标准	实际结果
电	（1）采用最新色点系统控制照明 （2）采用最新色点系统控制空调 （3）及时更新设备开启、关闭时间表并张贴公布 （4）餐厅用餐区温度检查标准：冬季20℃，夏季26℃ （5）餐厅工作区温度检查标准：冬季20℃，夏季26℃ （6）冷冻、冷藏货物进货状况检查符合要求 （7）最近一次冷冻、冷藏系统设备的维护保养 （8）最近一次空调保养时间 （9）电力设备系统漏电检修 （10）每月用电情况记录（能源使用情况表）	
煤气及其他能源	（1）每月煤气使用情况记录（能源使用情况表） （2）当月煤气设施完好 （3）其他能源使用状况，请具体说明	
设备保养日历	（1）设备温度标准符合计划需求 （2）设备清洁度符合计划要求 （3）设备维护、保养记录	
其他	（1）管理组会议、员工会议上回顾讨论能源使用情况 （2）能源使用图的张贴及更新 （3）当月能源费用控制状况是否合乎预估要求，如否，请附分析及行动计划	

成本控制小结：
通过本节学习，你学到哪些有用的控制成本方法？
你所在的餐饮企业，能源费用采取哪些控制成本的措施？

第三节 经常性支出费用控制

一、有效控制租金

餐饮企业租金是需要每月支付的，是一个重要支出部分。餐饮企业在签订房屋租赁合同时，要明确租金等相关事项。

（一）延长营业时间

租金是固定的，因此可以通过延长营业时间来分解每小时的利用效率。如麦当劳、永和大王等都是24小时营业。当然，不是所有的餐饮企业都适合24小时营业，这要由餐饮企业类型、周围环境等因素来决定的。

城市夜生活即使是在上海、广州，也还不完全是大众化、平民化的，更多的是少数人的一种生活方式，特别是以休闲交际为主的夜间活动，只有经过长期发展后，最终才会趋于大众化和平民化，只有发展到相当的水平和档次，24小时餐饮才能获得更好的发展。

（二）提高翻台率

提高翻台率，可以增加有效用餐客人数，从而增加餐饮企业收入。提高翻台率的方法，具体见表7-7。

表7-7 提高翻台率方法

序号	方法名称	具体操作	备注
1	缩短客人用餐时间	从客人进入到离开每一个环节只要缩短一点时间，客人用餐时间就可以缩短，当然翻台时间自然缩短	要求每个员工都要力所能及在自己工作范围内提高效率，缩短时间
2	候餐增值服务	对客人殷勤款待，增加免费服务，如免费饮用茶水、免费擦鞋、免费报刊杂志阅览、免费茶坊休息	迎宾和礼宾的工作重点是留住客人，让客人等位，避免客人的流失
3	运用时间差	（1）运用对讲机，确定有台位买单情况下，等位区迎宾或礼宾就会开始为客人点菜 （2）该桌值台服务员会在桌上放置"温馨提示牌"，一方面提醒客人小心地滑并带好随身物品，另一方面提醒其他员工，准备好翻台工具	大厅与外面等位区的配合是关键
4	设置广播	（1）餐饮企业设置广播，每隔10分钟广播一次，内容安排可以是感谢客人用餐、提醒客人就餐注意事项等 （2）第一次广播播放选在大厅台位只剩几桌的情况下，全店员工都会知道马上要排队，应该加快工作速度	广播作用不仅是在提醒客人，更重要是在提醒员工
5	提前为下一环节做准备	（1）在客人点菜后，及时询问是否需要添加主食或小吃，如果不需要的话服务员就开始核单并到吧台打单 （2）在客人不再用餐时提前将翻台工具准备好 （3）买单后客人若未立即离开，可征询客人的意见，先清收台面和椅套围裙	每一个服务人员在服务中，都应该为下一环节作准备
6	效率与美感	可以选择由传菜组员工专门负责翻台的清洁卫生，不仅速度快，而且动作优美	特别注意翻台卫生，既要效率，也要注意美感
7	全员动员	（1）服务员负责缩短客人用餐时间，勤分鱼、分菜，勤做台面 （2）传菜员和保洁负责缩短收台时间，收台迅速，清理卫生迅速 （3）后厨人员负责缩短上菜时间，出品时间快速、准确 （4）管理人员负责巡台协调，随时注意各桌客人用餐进程，对各部门没有做到的进行提醒	全员的参与才能全方位缩短时间，翻台高峰期，各部门甚至要交叉帮忙，以翻台为前提

（三）开外卖口

餐饮企业如果店面比较大，可以选择开设外卖口，可以卖自己餐饮企业的产品，也可以租给其他人，比如有的餐饮企业门口就有卖九九鸭脖、珍珠奶茶等餐饮企业客人可能需要的商品，当然，大家最熟悉的莫过于麦当劳的甜品站了。

但是，在开设外卖口时一定要注意不要影响到餐饮企业的整体形象，或者是造成喧宾夺主的效果，那将是得不偿失的。

（四）处理好与房东关系

与房东关系相当的重要，做生意"和气生财"，如果与房东关系不好，房东对待你可能会比较苛刻，但是如果与房东关系很好，那么许多事情可能就会比较好处理，比如免费使用房东的库房、车棚等，可以节约一大笔开支的。

 案例

王先生通过中介租下一铺，打算开间饭馆，不料交完租却发现无法通过环评，开不了张，因与中介方交涉无果，他一直在房产中介公司门口坐等退款。王先生是根据网上信息，通过一家中介租了这栋房屋，房屋共有两层，本打算底层开饭馆，上层住人。

王先生向中介委托人支付了5万元，包括商铺进场费和两个月押金与一个月房租，不料，当王先生去申领营业执照时发现根本通不过环保评定，不能做餐饮。除了交给中介的钱，他还投入了5万余元用于店铺装修，为此，王先生认为自己受骗了，要求中介退还租金，并补偿部分装修费用。

中介委托人却说之前已经提醒过王先生，做餐饮要通过环保审批。在业主、中介委托人与租户所签署的三方合同上面，写到若遇到政府不允许经营或因其他原因整改，一切责任由租户自负。中介可以对承租方进行协商补偿，但要求收1个月违约金和从合同生效期开始至合同终止日的租金。

（五）租金交付时间

租金交付尽量不要年交，最好是半年交、季交，因为如果由于经营不善或其他原因导致餐饮企业无法经营下去，那么就是违约了，需要交付违约金，从而浪费资金。

以下提供某餐饮企业的房屋租赁合同，仅供参考。

▼ **【范例】餐饮企业房屋租赁合同**

餐饮企业房屋租赁合同

出租人：＿＿＿＿＿＿＿＿（以下简称甲方）

承租人：＿＿＿＿＿＿＿＿（以下简称乙方）

甲乙双方本着平等、互利、自愿、诚实守信原则，经友好协商，双方就房屋租赁事宜达成一致，特订立此合同，以资共同遵守。

（一）租赁房屋地点

租赁地点为：＿＿＿＿＿＿＿＿＿＿＿＿

（二）租用面积

建筑物使用面积约计＿＿＿平方米。租赁房屋及附属设施设备详见交接清单。

（三）租赁房屋用途

租赁房屋将用于餐饮业。

（四）租赁期限

共计_____年，从_____年___月___日起至_____年___月___日止。

（五）租金标准

第一年年租金为人民币_____元，第二年租金_____元整，第三年租金_____元整，第四年租金_____元整。

（六）水电费

甲方向乙方提供现有的水电设施，甲方收取水电费用的标准按区供水供电部门的实际收费执行，乙方必须按时交纳。

（七）付款方式

采用预交结算法。租房费用每年结算一次，在合同签订之日一次性付清，以后每年的租房费用亦在每年___月___日一次性支付。

（八）履约保证

（1）乙方向甲方缴纳风险抵押金_____元整，期满退场_____日内无息退还。

（2）在租赁期内，乙方应合法经营，甲方协助乙方办理经营所需的工商、卫生、消防等一切营业手续，乙方照章缴纳税费并全部承担办理经营所属证件的一切费用及年检、抽检等费用。

（3）在租赁期间，甲方负责对租赁房屋的修缮。乙方应爱护房屋的设施、设备，不得损坏主体结构。由于乙方原因，造成租赁房屋（含内部设备、设施）毁损，乙方应负责维修或赔偿。

（4）租赁期内，乙方应按照消防部门要求自行设置消防设施，并严格遵守消防治安部门的有关规定，签订消防责任书，在乙方上班时间内发生的消防事故或治安事件由乙方承担经济责任和民事责任。

（九）违约责任

（1）经双方协商约定违约金为年租金的___%。

（2）在租赁期内，乙方经甲方同意可以将租赁的房屋转租给第三方，否则，乙方应承担违约责任。

（3）乙方在承租期内未按合同约定的时间缴付租金的，每逾期一天按月租金的___%缴纳滞纳金，逾期超过___天不缴纳租金的，甲方可以单方解除合同，乙方应承担违约责任。

（4）租赁期内，乙方一般不能改变经营用途和范围，如变更需双方协商同意，否则，乙方应承担违约责任。

（5）甲方未按本合同约定的时间交付使用的，每逾期一天甲方应按照月租金的___%向乙方偿付违约金。

（十）合同的变更、解除和终止

（1）经甲乙双方协商同意，可以解除合同。

（2）乙方由于自身的原因需解除合同时，应提前两个月，以书面形式通知甲方，甲方同意与否应在十日之内书面回函给乙方。如乙方单方面解除租赁合同，属违约行为，甲方有权将该房屋收回，并追究乙方的违约责任。

（3）因不可抗力不能实现合同目的，合同可以解除。

（4）装修及装修附加部分在解除合同或合同履行完毕后，乙方应完整将其房屋整体移交给甲方，不得拆除房屋装修部分。

（5）经双方协商同意，解除或终止合同，乙方结清房租、电费后，方可在两天内搬迁完毕，否则按违约论处。

（6）租赁期满，租赁合同自然终止，甲方有权收回房屋，乙方如要求续租，则必须在租赁期满两个月前书面通知甲方，经甲方同意后，重新签订租赁合同。

（十一）争议处理

本合同适用中华人民共和国合同法，发生纠纷双方协商友好解决。协商无效，提交租赁房屋所在地法院审理。

（十二）其他

本合同壹式贰份，双方各执壹份，经双方代表签字盖章后开始生效，未尽事宜，双方可签订补充协议，与本合同具有同等法律效力。

甲方（盖章）：

乙方（盖章）：

_____年___月___日

二、合理设置广告费用

餐饮企业为了扩大影响力，或者是提高营业额，都会采取广告促销的方式来吸引顾客。因此对其中产生的费用要做好控制和管理。

餐饮企业根据自己的实际情况进行广告促销，一般是在开业、假日前做进行。对于一般的餐饮企业，可能选择较多的方式是向行人发放宣传单等成本较低的广告方式。因为如果是选择电视、广播、报纸等费用都比较高。

三、刷卡手续费

随着现代消费理念的普及，刷卡消费成了如今付款的潮流。许多餐饮企业都可以刷卡消费。当然，这样是为顾客提供了方便，但同时也产生了刷卡的手续费，要由商家自己支付，但是，现在餐饮业2%的刷卡费率相对于超市、商场等零售行业均不高于0.8%的手续费是比较高的。

四、折旧费

餐饮企业折旧费是一项经常性支出费用，因此要进行合理控制。一般来讲，餐饮企业折旧主要针对的是各种固定资产。如空调最好是三年就需要更换，否则很可能产生的维护费用会超过其本身价值。

资产折旧额直接影响着企业的成本、利润、现金流量的多少，是一项很关键的财务数据，正确地计提固定资产折旧，是实现固定资产的价值补偿和实物更新，保证餐饮企业持续经营的必要条件。

折旧计算方法有许多种，会计报告中应该说明此报告究竟采用了哪些折旧方法，并且餐饮企业所使用的折旧方法必须相对稳定，不可随意更换。计提折旧的方法有直线折旧法、工作量法、年数总和法、余额递减法等。

最简单的折旧处理是直线折旧法，又称平均年限折旧法，是按照固定资产的可使用年限每年提取同等数量的折旧额。其计算公式如下。

年折旧额＝（固定资产原值−估计残值）÷固定资产预计可使用年限

如某餐饮企业购入一台中式炊具，购入成本为8000元，运输安装成本500元，预计该设备可使用年限为10年，估计残值为500元，根据上面的公式，便能计算出每年折旧额。

年折旧额＝8500−500/10＝800（元）

平均年限折旧法是假设固定资产在整个使用期间内各营业期的损耗完全一致，因此，计算出来的结果往往与实际情况有较大的差距，但是这种方法计算简单，被餐饮业广泛使用。

五、有效控制停车费

（一）餐饮企业自有停车场

如果餐饮企业有自己的停车场，那么停车费管理比较简单，只需要安排保安员进行管理就可以了。

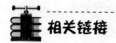

停车场常见问题及其处理

餐饮企业门口停车，经常会发生一些摩擦碰撞事件，还有小偷也在打车子里面财物的主意，那么作为餐饮企业，需要做好各项应对措施。

（1）停车场出具的收款收据上应有"车辆丢失风险自负，停车场概不负责"的风险警示（泊车风险警示是符合我国《消费者权益保护法》规定的，该法第十八条第一款规定："经营者应当保证其提供的商品或者服务符合保障人身、财产安全的要求,对可能危及人身、财产安全的商品和服务,应当向消费者作出真实的说明和明确的警示,并说明和标明正确使用商品或者接受服务的方法以及防止危害发生的方法。"据此规定,经营者不仅要提供安全的服务,而且对可能发生的危害要作出明确的警示,停车场经营者提示的"车主自负泊车风险"正是法律所需要的,经营者必须作出"风险警示")。

(2)停车场入口应设立大型警示牌,此牌应相当醒目,让车主一眼就可以看见,内容可为提示其保管好贵重物品,特别是现金等,以及"车辆丢失风险自负,停车场概不负责"的声明。

(3)咨询当地有关法律部门,了解发生此类事件应该怎样解决,有没有什么别的方法让餐饮企业的损失减少到最低。

(4)摄像头是否有必要安装在停车场里?如果安装,保安室与值班经理的办公室应该接入一个显示端。

(二)租用停车场

许多餐饮企业都是租用停车场来为客人提供停车服务的,因此需要支付租用停车场的费用。长期以来,就餐免费泊车一直是很多餐馆揽客的普遍招数,当然,多数免费泊车,其实是餐馆与停车场达成协议,由餐馆为顾客统一垫付停车费的。

餐饮企业在租用停车场时,一定要签订停车场租用合同。以下是某餐饮企业的停车场租用合同,仅供参考。

▼【范例】餐饮企业停车场租用合同

餐饮企业停车场租用合同

甲方:＿＿＿＿商业地产公司　　　乙方:＿＿＿＿＿＿＿＿
法定代表人:＿＿＿＿＿＿　　　　法定代表人:＿＿＿＿＿＿
住址:＿＿＿＿＿＿＿＿＿　　　　住址:＿＿＿＿＿＿＿＿＿
邮编:＿＿＿＿＿＿＿＿＿　　　　邮编:＿＿＿＿＿＿＿＿＿
联系电话:＿＿＿＿＿＿＿　　　　联系电话:＿＿＿＿＿＿＿
鉴于:

1.乙方餐饮企业因规模扩大、顾客人数增多,因此需要更多停车位置,特向甲方租用停车用地。

2.根据《中华人民共和国合同法》、《中华人民共和国房屋出租条例》及其他有关法律、法规之规定,出租方和租借方在平等、自愿、协商一致的基础上就停车场租用事宜,双方经协商一致,达成停车场租用合同,合同如下：

第一条　租借方向出租方租借停车用地为____平方米，地点：_____。
第二条　交租方式由银行办理转账入户，账户为：_____。
第三条　出租金额应按月计算，而每月_____日定为交租日期，租金为每月_____元人民币，交租期限不得超过每月的____日。
第四条　租借方逾期付款，每逾期一日按_%计算利息。
第五条　乙方对其车辆自己行使保管责任。
第六条　乙方除了停放其车队的车辆外，还有权对外经营车辆保管业务。
第七条　乙方自行办理消防、公安、工商、税务等一切相关的法律手续。
第八条　乙方延迟两个月未交清租金，合同自动解除，甲方收回场地。
第九条　水电费由乙方自理。
第十条　租借方对该土地仅作停车用地使用，并没有出售权，在使用期间不得擅自改变土地用途。出租方不得在租借途中擅自改变土地使用或违约，否则要负责租借方的一切经济损失。

甲方（盖章）：_____　　　乙方（盖章）：_____
法定代表人（签字）：___　　　法定代表人（签字）：___
_____年___月___日　　　　　_____年___月___日
签订地点：_____　　　　　　　签订地点：_____

六、减少修缮费

餐饮企业的房屋需要修缮，由此会产生修缮费用，因此需要在平时注意保养，减少修缮次数，从而减少修缮的费用。

同时，在签订租赁合同时，要注意明确房屋修缮费用如何支付。注明所租房屋及其附属设施的自然损坏或其他属于出租方修缮范围的，出租人应负责修复；承租人发现房屋损坏，应及时报修，出租人在规定时间内修复；因承租人过错造成房屋及其附属设施损坏的，由承租人修复赔偿。

此外一定要爱护并合理使用房屋及附属设施，尽量不要私自拆改、扩建或增添，如果确实需变动的，必须征得出租人同意，并签订书面协议。

> **成本控制小结：**
> 通过本节学习，你学到哪些有用的控制成本方法？
> 你所在的餐饮企业，怎样控制经常支出性费用的？

第四节　餐具损耗率控制

为规范餐具的日常使用，应进行表格化的量化控制与管理，减少餐具破损与无故流失，控制破损数量，最大化减少各种餐具破损所产生的费用。

一、职责划分及盘点规范

（1）根据班组划分或班组分工确认个人、班组、档口所有餐具负责人，根据班组设定的班组餐具统计量化表格对不同的岗位每日或每周、每月进行自盘点，以对所管理辖区的瓷器数量及破损情况摸底了解，并按规定表格进行记录，直接责任人和分管领导签字确认。对破损、丢失餐具的责任人进行明确认定，然后进行大盘点，并将盘点作为最终数量的依据，建立餐具记录档案，详细记录餐具的名称、数量、增加、减少、破损、丢失等情况，以便进行有针对性的管理控制和扣罚。

（2）楼面各班组、自助餐需根据自身管理的餐具类别的不同，设定不同的盘点表格，明确每个人或每个班组的责任人，根据班组规定及实际情况进行每个班组、每天上午或每周一的餐具盘点，每次盘点对盘亏或盘盈的餐具进行具体登记记录，并在餐饮企业盘点时对相应的责任人进行相应的扣罚。当班组每月更换厅房负责人时，前后责任人要进行餐具的交接，签字确认厅房本月餐具的确切数量。

（3）厨房各档口需根据餐具类别的不同，设定不同的盘点表格，明确每个档口的直接责任人和负责人，根据班组规定及实际情况进行每个班组、每天上午或每周一的餐具盘点，每次盘点对盘亏或盘盈的餐具进行具体的登记记录，并在月末餐饮企业盘点时对相应的责任人进行相应的扣罚。

（4）对餐饮部整体共用餐具情况按类别进行分类统计，并对每个类别的餐具在每周或每月进行初盘，每次盘点对盘亏或盘盈的餐具进行具体的登记记录，并将破损餐具落实到每个班组或具体责任人，进行日常的记录，在餐饮企业盘点时及时向管事部提供具体破损明细，对相应的责任人进行相应的扣罚。

（5）掌握餐饮部整体餐具的分配情况，建立各厨房所有档口每月餐具明细，进行全面的管理调控，并根据各班组每月瓷器破损的统计和责任人、责任班组，结合企业的盘点情况，进行相应的扣罚；对于购置的新瓷器，管事部需每月及时统计汇总，异型盘需进行拍照留样，以便日后盘点准确确认、顺利进行。

（6）根据盘点要求，金银器及不锈钢餐具每月进行盘点，瓷器每季度进行盘点，由财务人员跟踪监督，每次盘点的实际数量将作为本班组下次盘点的基数，方便管理人员对班组餐具数量进行确切把控。

二、餐具运送及清洗

（1）在收餐具和运送时，需按配置的专业盛器进行盛放和运送，玻璃器皿与瓷器等需按类别及大小进行分开放置，严禁混放现象。

（2）在托盘中摆放时，大的、重的放在里面，小的、轻的放在外面，严禁不合理的堆积，以免发生意外滑落、摔掉现象。

（3）同类餐具尺寸大的放在下面，尺寸小的放在上面。

（4）清洗时各种杯具要放在相应的杯筐中，小件餐具如大汤勺、小汤勺、筷子、筷架、刀叉等，放在平筐里进行清洗。

（5）清洗餐具操作中要做到操作轻，严禁野蛮操作。

（6）对于各厅房负责的金银器除日常清洁外，需在每月月初进行保养护理。

（7）服务员清洗自身负责的杯具等餐具时，要有良好的责任心，即冲洗即取回，减少破损，如有损坏需照价赔偿。

三、餐具破损责任制

（一）洗碗间员工

洗碗间员工在洗刷餐具之前应先检查楼面撤回的餐具是否有破损，及时查找楼面当事人，并做好书面记录，由责任人、责任人领班及楼面经理签字确认，月末由洗碗间负责人交管事部进行统计扣罚。经理等人员签字后需将破损餐具挑出，当天交管事部存放，对于不影响当前使用的，需特别存放在管事部备急使用，同时避免再次使用时将破损重复统计。

（二）楼面员工

楼面员工在将刷洗干净的餐具取回厅房前，需对餐具进行检查，如果发现有破损餐具，立即挑出，由洗碗间员工负责破损餐具的赔偿；若餐具已经离开洗碗间回到厅房，发现有破损，则由厅房负责人对破损餐具进行赔偿，流程同上。需加强楼面、洗碗间餐具交接的责任心。

（三）厨房各档口人员

厨房各档口人员到洗碗间取餐具时，需检查餐具是否破损，并及时查找洗碗间当事人，并做好书面记录，由责任人及厨师长签字确认，月末由各档口负责人交管事部进行统计扣罚。双方人员签字后需将破损餐具挑出，当天交管事部存放，对于不影响当前使用的，需特别存放在管事部备急使用，同时避免再次使用时将破损重复统计。

（四）服务员

服务员传菜时和服务员服务时必须检查所取餐具是否有破损，如有破损送回厨房，厨师长落实相关档口责任人，由责任人和厨师长、楼面经理签字确认，当天交管事部存放，其他程序同上。

（五）相互监督

各环节需按规定进行日常监督，如因监管检查不严而使该餐具流入到本岗位，在不能确认上一环节责任人的前提下，视为自身责任。各环节发现者如发现具体责任人，需按以上程序填写相应单据确认统计，避免责任转移。

（六）送餐、出借餐用具等情况

如有送餐、出借餐用具等情况时，需准确填写《送餐餐具登记表》（见表7-8），一式两联，送收双方核定并签字确认。餐具回收时，回收人需认真核对登记记录，如有餐具短缺等情况时，需在第一时间向当值管理人员汇报，并签字确认。

表7-8　送餐记录表

日期：

接单人	下单时间	送餐人	送达时间	送餐客房确认
收餐人	收餐时间	餐具确认： 齐 □ 否 □	收餐客房确认	领班、主管确认
餐具名称	数　量	餐具名称	数　量	

备注：

四、制定餐具赔偿及处罚标准

（1）各区域员工自己打破的餐具，由该员工自己赔偿，领班或其他班组人员发现要立即填写《餐具破损记录》，让当事人签字确认，以便月末统一扣罚。

（2）对于客人打破的餐具，开具相应的单据，由客人进行赔偿，由楼层领班做好统计工作并将赔偿底联单两天内交管事部，以便正确统计餐具数量，避免作

为丢失重复统计。

(3) 员工打破餐具不如实做记录或私自处理者，按餐具价格的十倍进行惩罚性罚款。

(4) 对于某一个环节的瓷器发现破损后又无法确定责任人时，由一方的全体员工或双方全部员工按同等比例共同承担赔偿。

(5) 各班组餐具如有具体责任人的，破损或丢失后由直接责任人负责全额赔偿，如属于班组公用餐具，破损或丢失后赔偿由班组所有人员共同承担。

(6) 各班组需严格按餐具类别使用餐具，不得领取、使用其他班组餐具，如在本区域内发现其他区域所属餐具，则直接对该区域负责人进行处罚，三次以上者部门内部通报批评。

(7) 对于各档口的餐具如无相应数量的破损记录，在核对总数时出现无故消失的情况，该餐具由厨房相应档口全体员工和各级管理人员、洗碗间人员两方总人数按人均共同承担，其中试用期和实习期员工系数为0.8，正常员工为1，其他管理人员为1.2。

(8) 对于新餐具损坏经共同鉴定不影响使用的不予赔偿，彻底损坏或丢失需进行100%的赔偿；对于三年以上的老瓷器如在瓷器破损率之内，个人损坏不影响使用的，不予赔偿，彻底损坏不能使用的按进价的50%对直接责任人进行扣罚，如无责任人计入部门破损；如当月超出企业规定破损率，老瓷器的破损全部按进价100%进行赔偿；老餐具如无故消失，则由相应的班组总人数按人均进价100%赔偿。

(9) 所有赔偿单据经相关人员签字后统一汇总至管事部，由管事部按月度、班组的不同进行存档处理，存档时间不得少于1年。

> **成本控制小结**
> 通过本节学习，你学到哪些有用的控制成本方法？
> 你所在的餐饮企业，怎样控制餐具损耗率？

第五节　外包业务费用控制

一、员工招聘外包

小型餐饮企业没有专门的人力资源部，往往员工招聘就是直接由经营者亲自负责，如果是大型的餐饮企业，则会有专门的人员负责员工招聘。不过，现在许多公司往往采取招聘外包，将招聘人员要求提供给招聘公司，然后由招聘公司负责员工招聘。

（一）招聘外包服务公司

现在有专门的为餐饮服务业提供招聘外包服务的公司，负责餐饮行业员工的招聘。

正规的招聘外包服务公司拥有精通餐饮行业的招聘顾问与强大的执行顾问团队，以及高效的复合式招聘工具，能够为客户量身定做全方位的整合招聘解决方案，让客户享受质量、成本、服务和速度等四个方面的优势，迅速填补空缺职位、改善招聘质量，从而提高生产力和业绩。

（二）如何委托招聘

1. 什么是委托招聘

委托招聘是指企业将自己的招聘业务部分或者全部，通过协议的方式委托给招聘服务公司。一般来讲委托招聘根据委托周期分一个月内的"短期"、半年内的"中期"和一年内的"长期"三种服务方式，根据服务内容可以分为"半委托"和"全委托"两个大类。

2. 委托招聘收费

委托招聘中，招聘服务公司为客户提供招聘信息发布、简历接收、简历筛选、初试通知、初试和评估、提交候选名单、协助安排复试等系列化、可选择的服务内容（如图7-2所示），客户可以根据自身需要及业务深度，自由选择并决定招聘服务公司在招聘业务中参与的程度，这个程度也决定了招聘服务公司付出的成本和服务收费金额高低。

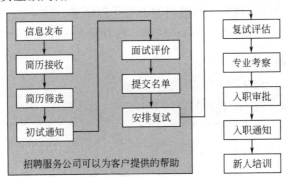

图7-2 招聘服务公司招聘流程

招聘服务公司将每岗位招聘人数不超过三名的业务划分为"委托代理"，而将每岗位招聘人数超过三人的业务称为"批量招聘"。

3. 委托招聘好处

委托招聘的好处是专业把关、简化业务、降低风险、对应迅捷。

餐饮企业可以放心地将部分流程交给招聘服务公司来处理，而让人力资源部门得以集中精力在关注人力利用效率、提高绩效、促进员工发展、团队稳定性和

文化传承等核心业务上，摆脱无休止单纯招聘的困扰，在最短时间内提供用人保障，降低待岗产生的隐性成本。

> **特别提示**
>
> 对于招聘外包的费用，如果不是特别需要，其实是可以省的。最简单的方法就是在餐饮企业门口贴上简单的一张招聘启事，如果觉得没有许多人关注，那么可以在网络上发布招聘信息，现在如赶集网、58同城等许多网站都可以免费发布。

二、餐具清洁外包

如今，许多餐饮企业都使用餐具消毒企业提供的餐具，可以省去许多成本。如某中等规模的餐饮企业，每天使用1000套餐具，需要聘请两名月薪1000元的工人，相应的水电费、洗洁剂费用在2000多元，不计餐具成本，每月就要支出近4000元。将餐具外包给消毒公司后，每套餐具进价为0.5元，提供给消费者的价格是1元，以每月使用3万套计算，仅餐具一项就获利1.5万元。

但是，餐饮企业一定要选择正规的餐具消毒企业合作，主要体现在以下3个方面。

（1）证照齐全，从业人员均持有有效的健康证明。

（2）环境卫生状况、卫生设施配备情况完好，消毒设备正常运转和使用，餐饮具清洗消毒符合操作规程，有健全的卫生管理制度。

（3）去渣、洗涤、清洗、消毒、包装、储存整个操作流程符合卫生标准要求。

> **成本控制小结：**
>
> 通过本节学习，你学到哪些有用的控制成本方法？
>
> 你所在的餐饮企业，怎样控制外包支出费用？

参 考 文 献

[1] 王美萍.餐饮成本核算与控制.北京：高等教育出版社，2010.
[2] 林小岗，吴传钰.餐饮业成本核算.北京：旅游教育出版社，2007.
[3] 段仕洪.现代餐饮成本核算与控制.上海：上海财经大学出版社有限公司，2009.
[4] 万光玲.餐饮成本控制.广州：广东旅游出版社，2010.
[5] 米勒（美）.餐饮成本控制——21世纪高等院校旅游专业引进教材系列.黄文波，孙超译.南京：南开大学出版社，2004.
[6] 孔燕，金洪霞.餐饮成本控制的300个细节.济南：山东科学技术出版社，2008.